THÉÂTRE

SAYNÈTES
ET
RÉCITS
par
GNAFRON FILS
de la Rue Ferrachat
NEVEU DE GUIGNOL

Dessins par l'Auteur

LYON
BERNOUX & CUMIN
9, rue Mulet, 9

1886

THÉATRE
SAYNÈTES & RÉCITS

JUSTIFICATION DU TIRAGE

Il a été tiré de cet ouvrage, 670 exemplaires, numérotés à la presse :

20 Exemplaires sur papier de Chine, nos 1 à 20 ;

100 Exemplaires sur papier de Hollande, nos 21 à 120 ;

550 Exemplaires sur papier vergé teinté, nos 121 à 670.

N°

Cet ouvrage ne sera jamais réimprimé.

Lyon. — Imprimerie SCHNEIDER FRÈRES, 12, quai de l'Hôpital.

THÉATRE

SAYNÈTES & RÉCITS

PAR

de la Rue Ferrachat

NEVEU DE GUIGNOL

Illustré de 17 Dessins de l'Auteur

LYON

BERNOUX & CUMIN

9, Rue Mulet, 9

—

1886

PRÉFACE

LES malins, dans leurs livres, font toujours des préfaces :
Pour lors, je me suis dit, si c'est dans l'habitude,
Je vas faire comme eux, allons-y sans grimaces.
Ça sera pas trop long, n'ayez pas d'inquiétude.
S'agit pas de se dire : Je vas conférencer,
De chercher des raisons en se cassant la boule,
Et rester tout penaud quand il faut commencer.
Les gones diriont ben : Çui-là il est maboule !...
A force de trimer, de me tirigousser
L'esprit et la jugeotte, faut z'arriver à faire
Un discours bien chenu, qui me fera mousser
Chez tous les uns chécun : ça fera mon affaire.

J'ai pas la prétention d'être dans les pouètes,
Il faut de l'éducance, que j'ai pas pu avoir !...
Et si dans leurs bouquins, ces mamis font leurs têtes,
Moi, j'ai rien à y dire, vu qui z'ont le savoir.
De mon temps, voyez-vous, çui-là était chançard
Qui se désempillait sur les bancs du collège !...
Moi, c'est ben différent, j'ai gobé à l'hasard
Des coups de tire-pied, des emplâtres de pège !
Feu le père Gnafron il avait la main dure
Pour le ressemelage, et voilà les raisons
Que je connais les cuirs bien mieux que l'écriture,
Mais que je suis porté aux bonnes liaisons.
Et quant à ce qui est de mon goût pour les scènes,
Mes grands-parents, j'espère, me feront bien valoir.
En ont-ils dégoisé, de ces calembredaines,
Guignol et Madelon, à Lyon, chaque soir ?...
Tous les vieux Lyonnais se creviont la basane
D'aller les écouter dans la jubilation !...
Pour les déclavetés, ça servait de tisane !...
C'est canant de pincer une réputation...

PRÉFACE

J'ai mis dans mon Théatre *un tas de balançoires,*
En farfouillant d'ici, de là, dans mon quartier.
Faites-vous y des bosses, en lisant mes histoires,
C'est le plus cher désir de Gnafron, savetier !...
Je voudrais, sans façon et amicablement,
Vous offrir à chécun une bonne bouteille,
Ça vous y ferait voir que j'ai du sentiment,
Et du cœur à l'estome, si j'ai pas fait marveille !...
Comme c'est pas possible, je vous mets l'espression
Des bons gratouillements dont je me sens capable.
Mais croyez-bien, z'enfants, j'ai pas l'intention
De vous rendre grincheux, je serais trop coupable.

Vu qu'on est tous des gones qu'aiment la gaudriole !....
Du Bourchanin en Vaise, des Brotteaux à Trion
Et de Charabara jusqu'au fond de Margnole,
On aime rigoler dans notre vieux Lyon.
Et qu'on a ben raison ! C'est de la belle ouvrage,
Ça fait mieux supporter les déclamponements
Que vous cassent l'échine, mouchent votre courage,
Pétafinent le goût pour les amusements.

Dites-moi voir un peu ? C'est-y pas plus chouette,
D'être tout rigolo dans ses friquentations
Que d'avoir tous les jours une sombre binette
Et grogner de gros mots, des lamentations ?...

En regrolant mon livre, j'ai fait tout mon possible
Pour vous être agréyable, tâcher de vous distraire.
Vous aurez fait de moi un rupin bien sensible
Si je vois que je peux un tantinet vous plaire.

Et là-dessus, je suis, sans chercher des tirades,
Pour tous en général, sans frimes, sans détour,
Si vous le parmettez, dans vos bons cambarades,
Et votre sarviteur.

Salut, bien le bonjour.

GNAFRON FILS,

de la rue Ferrachat.

EXCURSION

AUX

Aqueducs de Chaponost

PAR TROIS CANEZARDS

des Pierres-Plantées

EXCURSION
aux
AQUEDUCS
✳ de Chaponost ✳

Par Trois Canezards
DES PIERRES-PLANTÉES

Excursion
AUX
AQUEDUCS DE CHAPONOST
PAR TROIS CANEZARDS
des Pierres-Plantées

Avez-vous quèques fois combiné en projet,
Pour se décamotter et gober de plaisir,
D'aller en promenade, de faire du trajet?...
Quand c'est dit trop d'avance, ça peut pas réussir.
Mais si, sans barguigner, on décide de faire,
Du jour z'au lendemain, une bonne partie,
J'ai toujours reluqué que ça change l'affaire
Et qu'on a d'agrément pendant cette sortie...

C'est pour en arriver qu'un jour l'ami Moinot
Et l'ami Guignochet, qu'habitent la Grand-Côte,

M'ont dit :
    Nous nous flânons, nous vons à Chaponost ;
On peut ben s'abader lundi de Pentecôte !

— J'en suis et je vous offre, si je vous accompagne,
Vu que, samedi soir, j'ai touché mes façons,
Le vin vieux et z'un bon saucisson de campagne ;
Disons rien à nos femmes, allons-y en garçons.
Le temps de remonter conter z'une couleur
A Toinon, vu que nous pouvons revenir tard...
Et tâcher de lui faire remonder ma longueur :
Attendez-moi z'en bas su' la place Jacquard.

Je remonte chez nous et je lui dis :
        Toinon,
Y a z'une conférence au Café de la Perle,
Je vas donner du bec à cette réunion,
Où doit causer un gone, que parle comme un merle.
Guignochet m'a t'appris qui s'agit de tarif,
Je veux voir ce malin que doit se faire entendre ;
Mais, pour rentrer ce soir, je peux n'être tardif.
Va te coucher, Toinon, veille pas pour m'attendre.

Je prends, sous la suspente, ma veste, mon chapeau,
Je me glisse dix francs doucement dans la poche :
Pour un lundi de fête, on peut faire le beau ;
Et par les escaliers me voilà qui déroche.
Tout en débaroulant j'étions tout guilleret
De camper le quartier ousque ça sent le rance.
Pour trouver les amis je prends la rue Neyret,
Et un moment z'après, nous étions en présence.

— Voyons, que dit Moinot, prenons Saint-Irénée,
Et par la rue du Bœuf montons le Tire-Cul ;
Comme ça notre route est vite combinée !...

— Non, répond Guignochet, j'ai z'un autre carcul :
Nous vons prendre les Carmes et la montée des Anges.

— Ma foi non, que je dis, ça nous mène à Loyasse ;
C'est pas déjà si drôle et ça nous désarrange.
Pour moi, j'ai ben le temps d'y monter ma carcasse ;
Passer dans ces endroits, c'est bon quand z'on est veuf,
Et qu'on a de z'ennuis que vous font renauder.
Nous vons tout simplement prendre le Chemin-Neuf.
Allongez vos pontiaux, sans trop vous commander.

Faut z'être dératé pour harbiter Lyon,
Toujours de grimperets que cassent les guiboles !...
Y faut jouer des flûtes pour monter à Trion
La Grand-Côte, de même pour aller z'à Margnioles.
C'est tout comme en Serin, y faut bien de souplesses,
Soit qu'on monte aux Chartreux par l'impasse Gonin ;
Mêmement aux Tapis par la montée des Esses :
On sue comme un cochon tout le long du chemin.

Voilà ce qu'on disait, tout en quittant la ville,
Et d'autres plaisantances.... Moinot, qu'est rigoleur,
Nous fait tant japiller, jusque dans Francheville,
Que ça nous a flanqué une soif de voleur !
Les pattots que sont las réclament un arrêt :
On n'est pas de caniches, faut ben se rafraîchir.
Nous entrons pour soiffer au premier cabaret :
Y a encore une butte qui nous faudra franchir.

Faut boire pour grimper à la montée des Roches.
A force de trinquer, à la tienne, à la vôtre,
Ça nous a dégourdi et chauffé les caboches.
Nous ons vidé trois fioles, ça fait chècun la nôtre.

C'est bon, nous repartons par cette grapillade ;
Ma toquante marquait les midi environ,
Le soleil, sur la tronche, flanquait z'une grillade
Que ça donnait l'envie d'avoir un biberon.
Voilà que Guignochet, qui marchiont de travers,
Tombe sur son fessier dans un buisson d'épines.
Je lui dis : Te veux voir le feuillage à l'envers,
Profite z'en pour faire un bouquet d'aubépines ?
J'ai pas plus tôt dit ça que je prends mêmement
Une patafiolée, comme une grande bête...
J'en déchire ma veste, mais, ben heureusement,
Sur des bouses de vaches je me cogne la tête !...
Ça m'a ben procuré un sale barbouillage
Sur le nez, dans les yeux, enfin tout le museau,
Mais, en se torchant bien, y aura pas de dommage
Et je me laverai, si je trouve de l'eau.

Nous rattrapons Moinot, qui rit comme un jobard
En voyant Guignochet que tortille la fesse,
Me traite de gormand, qu'aime trop l'épinard,
A moins que j'ai mis ça pour servir de compresse.

— Moinot, que je lui dis, faut pas nous bassiner :
C'est z'heureux que je soye tombé sur la matière :
(Ce Jeanfoutre rirait de voir assassiner).
Moi, j'ai tombé de face et lui sur le derrière !...

— Pardi, t'as ben de chance, que reprend Guignochet,
Ça me pique l'échine, je suis tout en cuissons,
T'as choisi le bon coin sans te fair' de déchet.
Ces paysans sont cruches de planter des buissons.
A quoi que ça sert-il ? A vous porter la guigne,
A vous désempiller : ça serait plus plaisant
Si, le long des chemins, y plantiont de la vigne,
On pourrait se goinfrer de raisins en passant.

Pendant que Guignochet fait sa dissertation,
Moinot s'arrête court : je le vois que reluque.

— Arregardez, qui dit, cette décoration !....
Nous voilà z'arrivés tout près de l'archiduque !...

C'est comme qui dirait un cuchon de murailles
Ousqu'on voit de z'arcades en grande quantité,

Mais si dépontelées que c'est des antiquailles.
Pourtant, pour les savants, c'est z'une qualité !...
On dit que ça remonte à des milliards d'années ;
Rien que ça vous y donne des estupéfactions....
Faut croire que les gones, que les ont tarminées,
Gobent plus de coliques, rhumes ou fluxions.....
Moi, qui suis qu'une bête, ainsi que Guignochet,
Nous écoutons Moinot qu'est fort sur le savoir :
Y a des gens qu'ont de chance d'avoir tant de cachet.
C'est z'un plaisir d'entendre marcher son dévidoir.
Y nous dit que son oncle, un ancien parruquier,
(On peut pas tous trimer dans la canuserie,
Y faut ben des merlans, y a pas de sot métier)
Enfin, cet homme-là aimait la librairie :
C'est z'à dire qu'à force d'avoir été liseur,
Y connaît tous les livres, anciens comme nouveaux.
Enfin, c'est z'un savant, quoiqu'il soye raseur.

Nous avons, qu'il a dit, la compagnie des eaux,
Hé ben ! au temps jadis que vivaient les Romains,
L'eau manquait de partout, de Saint-Just à Forvière ;
Pour se débarbouiller et se laver les mains,

Fallait tous les matins descendre à la rivière.
Vous pensez bien que les canuts de ce temps-là
Ça leur z'y faisiont perdre de bons coups de navette,
Qui n'étiont pas contents, qui poussiont des z'hô-là,
Chaque fois qui vouliont se laver la binette......

Pour lors, messieu le maire va parler au préfet ;
Le préfet qu'est pas gnougne s'en va chez l'empereur,
Y lui conte la chose et ça fait de l'effet :
Faut croire que le gone était de bonne humeur,
Et de fil en aiguille y fait de z'actionnaires,
Des sordats de son temps, qu'étiont aussi maçons,
Pour les embobiner, leur dit : Mes légionnaires !...
Mais ça l'a pas ruiné pour le prix des façons,
Vu qui n'a eu qu'à dire : Z'enfants, posez la lance,
Attrapez-moi la truelle, le mortier, le marteau :
Faut faire un archiduc ; que l'ouvrage s'avance,
Les gones de Saint-Just veulent boire de l'eau !...
Sitôt dit, sitôt fait, les voilà z'à l'ouvrage ;
Y en a que bûchent fort, d'autres vont z'en douceur ;
Mais faut croire pourtant qui z'aviont du courage
Pour nous ficher un pont si long dans sa longueur,

Un pont qu'est pas un pont quoique ça soye un pont,
Et sur cette marveille y avait de grands canaux,
Mais chouettement faits, ça je vous en réponds !...
Et dans cette bachasse dégringolaient les eaux.

Depuis, ces vieux canuts, pleins de reconnaissance,
Ont fait, z'en Bellecour, dresser un piédestal
Ousqu'on voit ce Romain, chenu de ressemblance,
Sans culotte ni veste, monté sur son cheval !...
Y a bien des gens qui disent, de cette portrature,
Que c'est Louis quatorze. C'est pas la vérité,
Faut raisonner pourtant, ça c'est contre nature :
On sait ben qui n'allait jamais déculotté !...
Au contraire y portait un chapeau z'à panaches,
Culottes de velours et bottes à revers,
De grandes collerettes ainsi que de mustaches,
Et de rubans partout, z'à tort et à travers !...
J'ai vu aux Célestins un drame qu'est nouveau :
C'est *les Trois Moustiquaires* ; du temps de ce monarque
Y sont tous habillés comme ça, et c'est beau
De voir comme ça brille, j'en ai fait la remarque.

Mais, c'est ben différent, les anciens, sans vargogne
Dans ce temps-là, faut croire qu'avait pas de tailleurs,
Y montraient le darrière aussi bien que la trogne
Pourvu qui z'ayent un sabre comme de z'artilleurs !...
Y a z'une autre raison qu'on peut pas contredire
Rapport à l'estatue, que je vas vous apprendre,
Sans faire le malin, moi, je peux vous la dire :
Y s'agit simplement de penser pour comprendre,
Les gones de Lyon savent ben mieux l'histoire
De la localité, ousqui z'ont pris naissance :
Si l'oncle parruquier le dit, vaut mieux le croire
Que les gens que barjaflent souvent su l'apparence.

Enfin, dans Chaponost, je reluqu' un bouchon,
Ousqu'on voit : Restaurant à pied et à cheval.
Je leur dis : Entrons là pour faire le mâchon.
Pourvu qu'il traite bien, le reste m'est z'égal.
Pour quarante-huit sous qu'on a payé par tête,
Nous ons bu six bouteilles, même bien festoyé,
Plusse deux de vin blanc, pour compléter la fête ;
Les fioles et les plats, nous ons tout nettoyé...

Y avait un' omelette, un plat de z'haricots,
Un chenu saucisson ; au dessert, du fromage.
Nous ons été contents, pour ce qu'est des fricots,
Mêmement pour le vin nous l'étions davantage.

Guignochet, en sortant, prétend qu'il y voit double ;
Moinot, qu'est z'allumé, fait des mines gaillardes !
Pour moi, c'est différent, j'ai la vue quasi trouble,
Me semble que je vois danser les campagnardes.

— Z'enfants, que je leur dis, j'ai encore du quibus,
Au lieu de s'esquinter à jouer des canilles
Nous vons nous en aller en prenant l'omnibus
Et rentrer sans potin, chècun dans nos familles....

Y disent :
  — Ça nous va.
        Nous montons su la bâche,
Je m'assis sur un sac que n'est pas rien trop tendre.
Guignochet, qu'a sommeil, s'étend comme une vache ;
Moinot, qu'est z'abouchon, a de z'envies de rendre !
Ça finit par venir d'être trop ballotté ;
Les gens sur le devant ont de z'éclaboussures :

Pardi, ça leur va pas cette saloperé !...
Et les voilà que gueulent, que disent des injures......
Mais, petit z'à petit, Moinot se rafistole,
Y se met à chanter tout comme un enragé.
Ça a rendu contents les gens de la carriole,
Et gaîment, jusqu'en ville nous avons voyagé.

En ouvrant ma cambuse j'entends un quart qui sonne;
Je tire ma tocante, c'est le quart de minuit:
Oh! là là, que je pense, celle-là est bien bonne !
Faut grimper ma suspente et me coucher sans bruit.
Toinon, qui roupillait, ne m'a pas entendu :
En guise de bonnet, je coiffe ma casquette,
Et sans quitter mes bottes, me voilà z'étendu
Su mon lit. Subito j'ai piqué ma violette.

Le lendemain matin, j'empogne le battant.
Toinon, sur les huit heures, s'était couchée la veille.
Je lui dis : A neuf heures moi j'en ai fait z'autant;
Je suis rentré sans bruit, de peur que ça t'éveille.
Y z'ont tant dit d'affaires dans cette conférence
Rapport aux prix des vivres et sur les porlitiques,

Que j'en suis encore gonfle ; faut bien de patience
D'écouter ces mamis et leurs belles rubriques :
Forcé de rester pique comme un grand z'animal,
Ni cabeleaux, ni chaises, je m'ai tordu l'échine.
C'est bon pour une fois, les pattots m'en font mal ;
On est trop bosculé dedans cette machine.

Ma canante Toinon gobe ça en douceur :
Pensez-vous pour rentrer si j'ai eu de la chance ?
Elle se doute pas que j'ai fait le noceur,
Que vers les archiduques nous ons fait la bombance.
C'est ça qu'est z'embêtant quand on n'est plus garçon ;
La Bargeoise veut plus sensément vous lâcher,
Faut trimbaler la femme, les mioches, la maison,
Pour éviter la scie, souvent faut se cacher.
Cependant, j'aime bien Toinon, et puis mes gones ;
Suis pas de ces varmines qui, pour en définir,
Fréquentent les comptoirs ainsi que les poutrones.
Mais faut ben quèques fois aller se dégourdir !...

TRIBULATIONS
DE
MADAME POULARDE
à la Fête Nationale
DE LYON

TRIBULATIONS

DE

Madame Poularde

A LA

FÊTE NATIONALE

DE LYON

TRIBULATIONS
DE
MADAME POULARDE
à la Fête Nationale
DE LYON

Y a déjà quèque temps, mon vieux me dit :
         — Zalie,
Bichonne-toi, nous vons gober la comédie.
C'est aujourd'hui, te sais, le quatorze jeuillet :
On va aux Célestins gratis et sans billet ;
Je sais pas ça qu'on joue, mais, pour fêter la fête,
Ça sera sûrement un drame qu'est pas bête.
C'est annoncé partout sur des grandes affiches.
Nous vons nous estaler, tout comme font les riches ;
Pour ça faudra nous mettre bien vis à vis en face,
Alors nous pourrons voir partout de notre place.

Je prends un bonnet propre, ainsi que ma véreuse,
Et ma robe saumon, j'en étions vaporeuse !...
Que c'est pas sans besoin vu que la chaleur pique ;
Avec ça, quand je vois une scène tragique,
L'eau me court dans le dos ; à plus forte raison,
Ça va couler partout rapport à la saison.
On commence à une heure : faut croire que le Maire,
En jouant le matin, y comprend son affaire ;
Y s'est dit :

     — En sortant de voir mon espectacle
J'irai manger la soupe et de là, sans ostacle,
Me cancaner le soir vers le feu d'artifice.
Tout un chècun ensemble auront du bénéfice.

 — Ça, c'est bien envoyé ; moi, je dis rien de mal
De ce gone et de son conseil municipal !
Mon père, le pauvre homme, qu'était pas libertin,
Disait pour le théâtre :

      — Allez-y le matin....
Ceux-là qu'aiment le drame, y faudrait que toujours
On leur z'y flanque ça dans le milieu des jours...

Le théâtre la nuit, c'est fait pour débaucher
Les polissons de z'hommes qu'aiment pas se coucher.

Allons, mon vieux est prêt, me voilà ficelée.
En sortant nous trouvons, sur la porte d'allée,
La concierge, que dit :

— Moi, je me mets en route
Pour voir la pantromine, la rigat' et la joûte !...
J'ai pris mon robinson, comprenez c'est rapport
Que la grillade est forte tout le long du bas-port.
L'an passé, les gamins me lanciont de l'ordure,
Y z'ont tant fait qui m'ont démanché la monture :
Y a fallu le fermer. Çui-là peut recevoir
Tous les trognons, tant pis s'y ne peuvent pas voir.
Peuvent crier : « A bas le dôm' des Invalides »,
Je m'en bats l'œil, il a les baleines solides !...
Allez-vous au théâtre ? Si c'est aux Célestins,
Vous allez rigoler, soyez-en ben certains ;
Faudra tenir tati, y aura de bosculades,
De z'ondulations, même de reculades !...
En effet, sur la place y a de sargents de ville

Que nous font z'aligner en longue queue de file.
J'ai de chance, je suis tout près d'un campagnard,
Un blanchisseu de Vourles, qu'a ouvert son riflard :
C'est une bonne idée, je vas me garantir
De ce gueux de soleil que voudrait nous rôtir.
Pendant ce temps, mon homme est allé satisfaire
Un besoin naturel, soit dit sans vous déplaire.

Tout près du blanchisseu, moi je garde sa place ;
Ceux qui sont darnier nous, crient, font la grimace :
Tant pis, ça serait propre, ça ferait du nouveau
Si fallait se priver d'aller pencher de l'eau !...
Le voilà qui revient et même y nous apporte
La nouvelle qu'on vient de nous ouvrir la porte !...
Ça se voit bien que trop, tellement on se cogne ;
Et moi que n'aime pas du tout qu'on me sigogne,
Tout d'un coup, par darnier, je sens que l'on me pince,
Je quinche en me tournant et je vois un grand mince
Que ricane avec d'autres. J'y lance une torgnole
En lui disant : Te fais le diable de Margniole !
Attrape ça, petit. Mais j'ai mal combiné :
C'est le Vourlois qu'empogne la gifle su le nez !...

Le pauvre blanchisseu, qu'a vu qu'une chandelle,
Croit que c'est le grand mince qui lui serche querelle,
Y lui tombe dessus et les voilà tous deux
Que s'envoient de z'atouts comme des bienheureux.

Les herbains, que sont là pour faire le service,
Emmènent mes deux gones au bureau de police.
Pendant tout ce boucan, sans tambour ni trompette,
Nous entrons au théâtre, et sur une banquette
Qu'est bien sur le devant, moi ainsi que mon vieux
Nous voilà estalés on ne pouvait pas mieux!...

On chapote trois coups ; je vois grimper la toile
Et un chenu coup d'œil à ma vue se dévoile :
Le fond y représente sensément des bosquets,
Avé des pots de vases tout bourrés de bouquets.

Y a aussi des drapeaux, poussés dans chaque vase,
Tout ça si bien rangé que ça fait mon estase!....
Sur le devant y a un gros cuchon de chanteurs
Que font de belles mines à les espectateurs !
Pour ça on a choisi tous des drôles garçons
Et qu'ont l'air d'avoir l'air de savoir leurs leçons.....

Voilà que Lugénie, le chef de la musique,
Fait de z'évolutions d'une petite trique.
Je sais pas trop pourquoi y se sert d'un bâton ?
Mais j'ai toujours pensé que ça donnait le ton.
Chacun fait son solo en partant tous ensemble,
Ça fait z'un ronflement que le lustre n'en tremble !
Mon voisin, que chantonne, qu'a l'air de s'y connaître,
Nous dit :

— C'est la cantafe, c'est un morceau de maître.
Voyez-vous, ces chansons s'appellent des cantafes,
Que c'est plus des couplets, mais bien des patagraphes.
Une dame à mon dos dit que c'est une aubade.

— Non pas, que dit une autre. C'est une serinade.

Alors l'autre reprend :

— J'ai lieu de m'étonner
Que l'intention du maire soit de nous seriner !...

— Taisez-vous donc, bavarde, que s'écrie à son tour
Une fille qu'a l'air des grues de Bellecour :

Quand on n'y connait rien, on dit pas des bêtises...

— C'est vous, grande poupée, qui dites des sottises,
Je viens pas comme vous pour chercher aventure.
Arregardez-moi donc cette caricature ?
Suffit qu'elle a au dos un faux machin qui bosse,
Ça se croit quèque chose et ça n'est qu'une rosse.

— A la porte les blagues ! qu'on crie au poulailler.

— Non, ça sera plus drôle de les voir batailler.
Les gones, croyez-moi, j'aurais trop des guignons
Si je les voyais pas s'empoigner les chignons !

Les chanteurs y z'en sont au darnier patagraphe :
C'est le plus beau de tous !... çui-là y vous agrafe !....
Les solos vont toujours par tous les corgnolons ;
Les trompettes s'en mêlent, ainsi que les violons,
Grosse caisse, tambours. C'est un vrai bacchanal
Que donne envie de faire le galop z'infernal !
Hardi, voilà z'alors les applaudissements
Que j'ai cru que j'allais manquer de fondements !
Les pieds, les mains, les cris, j'ai cru que la machine
Allait, en s'abouzant, m'écrabouiller l'échine !...

Je pouvais plus souffler cause de la poussière.
On reniflait son sou même sans tabatière...
Je voyais qu'une chose : vite gagner la porte,
Mais j'étais arapée comme de colle forte,
Et ma robe saumon elle en est devenue,
Rapport à la mouillure, d'une teinte inconnue.
De plus, sur mon darrière, le drap de la banquette,
En déteignant, m'a fait une grande omelette !...
Quant à mon homme, lui, trempé comme une soupe,
Son pantalon de toile n'avait pas bonne coupe ;
Depuis le bas des reins jusque dessus ses bottes,
Y semblait qu'il avait tout fait dans ses culottes !...

Enfin, nous sons dehors, à force de pousser,
De se cogner les z'hanches, de se tirigousser...
Juste sur l'escalier, par l'effet de l'hazard,
Nous trouvons le Vourlois que serche son riflard.
Y nous dit qu'après nous, devant le commissaire
Ils se sont expliqués, qu'on a rangé l'affaire ;
Mais que le grand voyou, dans son entêtement,
Dit qui n'est pas l'auteur du premier giflement.

Pardi, j'en suis ben sûre, mais je veux pas le dire,
Et dans mon intérieur, je me tordions de rire.
Mon homme qu'est suant que c'est une pitié,
Lui propose de prendre le verre de l'amitié.

— C'est une idée chenuse, que répond le Vourlois.
Nous vons vider un pot, au café, tous les trois.
Mais, c'est moi que régale, ça me fera plaisir!...

Nous voilà z'attablés et, selon son désir,
Mon homme paye un pot, lui n'en paye deux autres.
Ces Vourlois, voyez-vous, sont tous de bons apôtres :
A preuve, qu'en sortant, nous nous trouvons tout contre
Des gens de son pays dont z'y fait la rencontre :
Tous des gones calés, et tous des blanchisseux
Qu'ont d'argent à manger en sortant de chez eux.

Alors, nous ons causé le long des magasins
Et même avé l'un d'eux nous nous trouvons cousins :
Nous le sommes sans l'être, en l'étant censément,
Mais remués de loin ; enfin, voilà comment :
La tante de mon homme, ça remonte de haut,
S'étant remariée en quittant Chaponost,

Pour deuxième avait pris un paysan de Vourles
Qu'éleviont des cochons, des lapins et des poules :
Pour sûr, avec ceux-là, nous étions ben parent,
Même bien rapprochés, tout ça c'est transparent.
Sa fille est mariée ! que ça fait donc son gendre :
C'est le fils à çui-là que nous a fait comprendre
Qu'indébitablement, d'après ces mariages,
Y pouvait z'entre nous avoir des cousinages.

Voilà qu'ils se proposent de faire un gueuleton ;
Pour ça faudra z'aller manger chez Cagneton.
Le blanchisseu nous dit :

— Nous ons fait connaissance,
Même mieux pisqu'on dit qu'y a de cousinance :
Faut venir avec nous, y faut pas nous lâcher ;
Ne me dites pas non ou je vas me fâcher.
Chez nous, c'est comme ça ; faut pas vous étonner :
Quand nous sons d'une fête, nous vons toujours dîner.

Mon homme répond :

— Oui, mais à la condition
Que je paye ma part de la consumation.

— Vous faites pas de bile, et quant z'à la dépense,
Que reprend le Vourlois, nous avons de finance....

Moi je souffle à mon vieux :

      — Qu'est-ce que c'est Thimoté
Que ce Cagneton-là ? quèque salopeté !...

— Que t'es bête, ma femme, c'est les grandes gargottes
Où l'on boit de bouillon de bœuf et de carottes ! ..
Par l'effet du thiâtre et de l'humidité
T'as perdu la mémoire et la lucédité !...

— Ma foi, t'as ben raison, tout ce monde que grouille
Et ces cantafements, tout ça, ça m'embarbouille :
C'est z'une vérité, je finis par finir,
A la fin de la fin, par plus rien définir...

Faut pas vous figurer que, chez ces Cagnetons,
Ça soye un cabaret piqué des z'hannetons :
Pas du tout. C'est si beau, ça m'a fait tant d'effet,
Que j'ai cru que j'entrais au moins chez le préfet !
Un mossieu en habit fait en queue de morue,
Qu'arregarde les gens que passent dans la rue,

Vient à notre rencontre et poliment s'avance.
Ma foi, je prends ma jupe, j'y fais la révérence.

Il met ma société tous à la même table ;
De sa part j'ai trouvé que c'était z'agréyable.
Je connais pas ce gone ; mais, d'après sa manière,
C'est pas un marque-mal de la Guillotière.....
Pour lors, nous ons bouffé de viande, de boisson ;
Y avait de tout, du gras, du maigre, du poisson,
Sans compter le dessert, le café, les liqueurs ;
Ça faisiont que blanchir avec ces blanchisseurs.
Pour décrotter les vivres, n'en voilà des mamis !...
Nous sons sortis de table à huit heur' et demi !...
J'en étions toute raide, ça je vous le promets ;
Avec ça j'avais pris quasiment mon plumet !
Pardi, et tous les autres, en faisant la goguette,
Mon homme, mêmement, y s'en allioint pompette.

Nous nous sons séparés, étant forcés de prendre
La patache de Vourles que devait les attendre.
Au cousin, que s'en va, j'y donne notre adresse,
Et le gone m'embrasse avé bien de tendresse !

Les voilà que s'escanent bras dessus bras dessous,
En chantant, que ça semble une bande de fous...

Mon vieux, que sait pas faire le moindre sacrifice,
Me dit :

— Nous vons finir par le feu d'artifice.

— Tiens, que je dis, ça pleut : j'ai senti une goutte.

— Allons, t'as la barluc, te crois que je t'écoute !

Sur ça nous arrivons près du pont Lafayette.
Fallait voir ce public le long de la cadette !....

Boum ! pata, pata, pa !... Hardi, voilà des feux
De trente-six couleurs que me crèvent les yeux...

Mais la pluie s'en mêle : ça fait sauver le monde,
Et nous filons aussi, vu que ça nous inonde ;
Pour comble de guignon, mon vieux qu'est pas solide
Finit par s'allonger au milieu du liquide :
Des gens compétissants l'ont mis sur ses guiboles ;
Heureusement qui n'a point reçu de torgnioles :

Ça fait que, comme ça, ma culotte se lave,
Que marmottait mon homme, que coulait tout en bave.

Nous ons, jusque chez nous, reçu tout le bouillon.
C'est pas déjà si près d'aller au Gorguillon.
Toutes les connaissances, su le pas des boutiques,
Disiont, en nous voyant, voilà des emphibiques !...
Sais pas comment la fête se sera terminée,
Mais j'ai la raie du dos que me sert de chanée ;
En me déshabillant, faut ben que je le dise,
Pouvais pas quasiment déraper ma chemise ;
Mêmement, dans mes bas, ça fait la rigolade
Que j'en avais les pieds dans de la marmelade :
De même que mon homme ça fait peine z'à voir,
Il écoule ses bottes su la pierr' du lavoir.

Faut bien se rendre compte que cet inondement,
Il est venu aussi du grand transpirement !...
C'est encore ben heureux qu'un cousin d'alliage
Nous ait payé la noce rapport au cousinage :
Ça nous a décatis ; après, en nous mouillant,
Nous n'avions plus le corps dans un état bouillant,

Autrement, tous les deux, avant que d'arriver,
D'un refroidissement aurions pu n'en crever....
J'avais sur mon bonnet de fleurs artificielles,
Hé ben, ça s'est changé en paquet de ficelles!...
N'en voilà du dégât ! et mon homme faut voir
Son chapeau des dimanches : ça fait z'un entonnoir.

Pour prendre de plaisir ainsi que d'agrément,
Faut savoir ça qu'on fait et choisir son moment.
Ha! vous pouvez m'en croire dans ma sincérité :
J'en ai assez des fêtes, surtout quand c'est l'été ;
Dites-moi voir un peu, oh! vous pouvez le dire,
Pourquoi que je suis là ? pourquoi que je respire ?
Moi, je me le demande, foi de mame Poularde.
On sait dans le quartier que je suis pas bavarde.
La pauvre hermanité, mon Dieu, qu'elle est patraque !
Pour mon compte, j'ai cru que j'en devenais braque
Et que sur vot' respect, je peux même ajouter
Que j'avions un phésique à vous en dégoûter...
Pour gros d'argent faut pas penser me repincer ;
Attendez-moi z'y voir d'aller recommencer...

A moins que l'on me dise : Te seras millionnaire...
Mais faudrait de z'écrits par-devant le notaire.
Finalement parlant, ça serait une aubaine.
Alors, on peut risquer de crever sa bedaine ;
Enfin, comprenez que, sans avoir d'égoïsme,
On peut ben sur soi-même torner au barbarisme.
Pardi, ce gueux d'argent, c'est ça que vous enrage,
Pour l'avoir on devient, des fois, anthripophage.
Ah ! oui, c'est bien prouvé ! Regardez Dumolard :
Y pinçait une fille; alors ce vieux gueusard
Y l'anthripophageait pour la faire disparaître.
Quand y restait plus rien, c'était plus de connaître :
Ça s'est dit de partout, mais la gendarmerie,
Qu'est brave, n'a pas cru cette saloperie.

Mais laissons ce surjet que manque d'élégance,
Pour dire un darnier mot de ma grande émouvance.
Vous croyez qu'une fois dans le lit conjongal,
D'un chouette repos, j'ai goûté le regal !...
Hé ben ! détrompez-vous: d'abord mon homme ronfle.
Quand je dors ça va bien, autrement ça me gonfle.

Cette nuit-là, mon vieux a z'été mon bourreau,
Vu qui poussait des sons aussi forts qu'un taureau ;
J'y ai ben allongé de bons renfoncements
Qui lui coupiont le bec pendant quèques moments ;
Mais y recommençait. Faut dire, d'autres parts,
Que dans la rue, les gones y lanciont des pétards,
De flammes de Bengale qu'étaient si éclatantes
Que ça irluminait jusqu'au fond des suspentes !
Avec ça, les gueulades. Vous savez que la raille,
Pour se faire de bosses, toujours faut que ça braille.
Ha ! ils s'en sont payés, et, pour en définir,
Ça n'est que le matin que j'ai pu m'endormir...
Et on appelle ça un divartissement !
Non, non, c'est bien plutôt un enchôsacement.

Quant à mon homme, lui, le matin, bien dispos,
Y dit :

— Ça m'a refait de prendre du repos :
Seulement, j'ai z'été piqué par la varmine,
Le lit a de punaises, faut que te l'examine.

Pour lui faire plaisir, j'ai brassé la paillasse,
Mais je pensais, en moi, mon vieux est ben cocasse :
Les puces le dérangent et y dort comme un loir,
Margré le bacchanal qu'on a fait tout le soir...
On a dit des raisons que sont bien posétives
En comparant les femmes aux fleurs des sensétives.

UN
VOISINAGE GRINCHEUX

DOLÉANCES DE MAM' BARDAQUIN

AU SUJET DE SON DÉMÉNAGEMENT

UN
Voisinage grincheux

DOLÉANCES DE MAM' BARDAQUIN,

au sujet

DE SON DÉMÉNAGEMENT

—✴—

UN

VOISINAGE GRINCHEUX

Doléances de Mam' BARDAQUIN

AU SUJET

DE SON DÉMÉNAGEMENT

Tell' que vous me voyez, y a fallu forcément
Me remuer et fair' mon déménagement :
Où nous sommes venus, ça paraît ben tranquille,
Un brave monde enfin, prêt à se rendre utile.....
Dire tout ça que j'ai souffert, c'est pas narrable !...
Les voisins taquineurs, c'est trop désagréable.
C'est la femme surtout qu'a causé tous mes maux ;
Pour sûr, elle m'aurait flanquée dans les tombeaux.
L'homme ne vaut pas cher : un pilier de bouchon.

Tous les deux se montaient, sur nous, le bourrichon ;
Ajoutez la concierge, la mère Forcaquet !
En voilà encore une qu'est un porte-paquet,
Que fait la bouche en cœur quand on est dans sa loge,
Que vous fait de z'avances, mêmement votre éloge,
Et pis qui, par derrière, avec de z'intrigantes,
Vous ablage le corps de choses répugnantes !...
Ha ! si j'en voulais dire dessus cette portière,
Pourrais pas n'en parler comme d'une rosière !
Et si je répétais ça qu'on m'a raconté,
On saurait que ses gones sont à la Charité !...
Sans compter que son homme, enfin je veux rien dire,
Mais il est trop jobard et y a de quoi n'en rire !..
Sa fille fait la gaupe, que c'en est transparent ;
Voudrais pas de ce monde pour être mon parent.
Faut pas croire que ce soye le vesquement
D'avoir, rapport à eux, quitté mon logement
Qui me fait dire ça : s'ils m'ont fait z'une niche
Comme réputation, allez, moi je m'en fiche.
Je peux ben l'afficher et même avec orgueil ;
Moi, j'ai jamais rien fait qui ferait mal à l'œil !

Tandis que ces crapules, ce monde dégoûtant,
Peuvent pas, comme moi, des fois n'en dire autant :
Sans compter que mon homme, ainsi que mon garçon,
Tout ça est bien rangé et a bonne façon !...

Mon garçon, lui, il est porté sur la musique,
Y souffle du cornet dans la Fille-harmonique !
C'est z'une socité où, musicablement,
Y fait déjà bien fort son accompagnement.
Pour lors, dans la soirée, en sortant de l'ouvrage,
(Faut dire que Dodolphe est en apprentissage)
Y se met à jouer béque-mol et dièse
Et d'autres becs encore, tout ça ben à son aise.
C'est pas moi, vous pensez, que lui ferais l'injure
De lui couper le bec quand il bat sa mesure.
Et si, en trompettant, y lâche un petit couac,
C'est qu'il ne connaît pas encor le fond du sac :
Pour devenir artisse et avoir du renom,
Faut se déganacher... on peut pas dire non !...

Un jour que je rentrais, droit sur notre palier,
La voisine se met à me désampiller :

— Votre dadet de fils avec ses mi, so, do,
Et sa corne à bouquins, y nous scie le dos !...
Oui, votre grand melon, y faut pas qu'il abuse ;
Faut pas corner le soir, que c'est une heure induse !
J'endurerai pas ça, vu que ça nous fait mal
D'entendre tous les jours cet affreux bacchanal,
Et quant z'à sa trompette, si vous voulez nous plaire,
Mettez-vous là z'aux fesses, ça fera notre affaire.

Ça m'a émoustillée ; je l'y réponds :

— Ma mie,
Si mon fils est melon, vous êtes une chipie ;
Allez donc vous cacher : faites trop la bavarde.
Quant au propos des fesses, ça c'est d'une poissarde.
Y en a d'autres que vous qu'auraient de l'agrément
En entendant souffler dedans cet instrument...
Si vous m'invectivez, brasseuse de moutarde,
On sait ben le pourquoi, que vous êtes pocharde !
Ça vous fait, sur Dodolphe, débiter des bêtises ;
Mais, j'ai le cœur trop p'haut, faut garder vos sottises.

— C'est bon, qu'elle répond, je te ferai ben taire ;
Je m'en vas de ce pas trouver le commissaire,
J'y dirai de venir et de faire une enquête ;
Tout rasibu faudra couper ta clarinette !...

— Clarinette vous-même, que j'y dis, vieille folle !

Là dessus la voilà que descend et s'envole
En poussant de z'hauts cris, de z'invectivements !...
Pour lors, je m'intercane chez nous tranquillement.

Voilà que le tantôt, on tire la sonnette ;
Je me dis, sensément, c'est pour la clarinette.
C'est bien ça, et voilà un erbain qui m'arrive
Avec une figure qu'est reverbérative !...

— Que c'est ici, qui dit, chez Mame Bardaquin ?
Que c'est vous qui soufflez du cornet z'à bouquin,
Que dont auquel pour lors et subrepticement
Que vous cornez trop fort contre le règlement,
Que pour sûr et certain faut pas vous abuser,
Que vous êtes fautif, qu'il faut verbaliser !...

— Mossieu l'erbain, pourtant faut que je vous explique
Que mon fils est reçu chez la Fille-harmonique !

— Armonique, qui dit, connais pas la donzelle,
Que vous avez grand tort de le lâcher près d'elle,
Que le jeune homme il est par trop z'inflammatoire,
Que ça fait du mauvais ; c'est tous la même histoire.
Je connais Véronique..... C'est ça, je le parie,
Que vous voulez parler : fille de brasserie !...
Cette particulière a l'esprit trop coquin ;
Que c'est du superflu le cornet z'à bouquins ;
Qu'elle en fera, pour sûr, un mauvais garnement,
Que ça sera pour vous un gros désagrément !...

— Mossieu, entendons-nous, vous dites Véronique !
Je parle pas des gouines, je parle de musique ;
C'est une socité...

         — Tout ça m'est inférior,
Qui répond, moi je viens par ordre supérior !...
Le brigadier m'a dit : Briquet, querqu'un requête !
Faut z'aller voir, pour voir que vous ferez l'enquête.
Que j'y fais, on m'a dit, chez le premier étage,

Qui se plaignent de rien pour ce qu'est du tapage.
C'est un effet phésique que, vu l'éloignement,
On n'entend pas le bruit que fait le beuglement ;
Le deuxième est absent, pour lors n'a rien à dire ;
Au troisième, la bonne, celle-là aime à rire ;
Elle m'a dit : J'entends un petit marmotage,
Comme un matou que miaule dedans le voisinage !...
Que c'est votre voisine, celle qu'a porté plainte !
Que nonobstant vous lui cassez la coloquinte !..
Que j'ai fait mon rapport, qu'est là dans mon carnet.
En attendant la suite, bouchez votre cornet...
Qu'au lieur d'obtempérer, que vous soyez rebelle,
Que ça pourrait finir par la correctionnelle.....
Et quant z'à Véronique, méfiez-vous, la mère !...
Que vous m'entendez bien et comprenez, j'espère !
Faut lui lier la patte à ce gueux de garçon ;
Autrement ça fera un fichu polisson !...
Sur ça, je vous salue. Au poste du quartier,
Je vas rendre raison à notre brigadier,
Qui dit de moi, dit-il, c'est z'une forte tête,
Et l'on peut s'y fier quand y fait son enquête !

Là-dessus, y s'en va... Au lieu d'un enquêteur,
Cet homme, faut le dire, est un grand jaboteur !
Que diable qui veut dire avec sa Véronique,
Son liage de patte et toute la boutique ?...
Ha, si je m'écoutais, j'écrirais sans retard
Au général en chef qu'il est un grand bavard :
Mais non, y me feriont encor quèque malice,
Faut pas ébouriffer les gens de la police.
Mais, ma foi, je le dis, et c'est la vérité,
Les erbains montrent pas beaucoup d'erbanité !

J'ai tout dit à mon homme ainsi qu'à mon garçon.
Mêmement, j'ai quasi tombée en pâmoison !
Mon homme a répondu :

— Faisons pas de boucan.
Ces gens sont des charipes, nous faut ficher le camp.
Y se croyent peut-être, avec toutes leurs frimes,
Que nous vons, bêtement, en être les victimes !
Des nèfles ! A ces marquants nous allons faire voir
Que de nous décoller nous avons le pouvoir.

Y a une autre raison, pour moi, qu'est positive,
C'est la Fille-harmonique, qu'est ben plus décisive:
Plus moyen pour Dodolphe, de faire de z'études;
Souffler par son cornet, c'est dans ses habitudes.
Enfin, que voulez-vous! c'est toutes ses amours;
Pardi, j'ai pas voulu l'en priver pour toujours;
Joignez à cette idée la voisine d'en face
Que je peux plus sentir sans faire la grimace.

C'est-y pas naturel ? Voilà le sentiment
Que nous a fait sercher un autre logement!...

UNE PARTIE DE CAMPAGNE

PAR DES

GONES SANS FAÇONS

UNE PARTIE

DE CAMPAGNE

par des

GONES SANS FAÇONS

UNE PARTIE
DE CAMPAGNE

par des

GONES SANS FAÇONS

Pan ! pan ! un beau matin j'entends cogner ma porte.
Je pensions — on se trompe — le diable les emporte !
Moi qui pionçais si bien, que nagions dans un songe,
Que j'étais plus moi-même, mais une grosse éponge
Fichue dans un tonneau jusqu'à la collerette,
Et je vous dis que ça, c'était pas de piquette !...
Pan ! pan ! allons, c'est bon, on y va pour y voir
La charipe que cogne et ce qui veut vouloir.
Pan ! pan ! ha ! te m'agaces !... je lève mon patteau,
Tout en ouvrant de l'autre, j'y cogne le museau !

— Ha ! nom de nom ! qui dit, peut-on ben recevoir
Comme ça un t'ami qu'arrive pour vous voir !
C'est pas de blagu' à faire, j'ai vu trent'-six chandelles.
Enfin suffit ; voilà, j'apporte des nouvelles...

— Tiens, c'est toi, que je dis, ma vieille Lacandeur !
C'était bien lui, pensez... un ami qu'est frotteur !

— Te connais bien Fourneau, l'ancien marchand poêlier,
Qu'habite maintenant tout près de Saint-Didier ?
Y nous invite tous, nos miochons, nos compagnes,
A z'aller mâchonner demain à sa campagne.
Nous sommes six t'amis : y a Crasseu, y a Guignon,
Un gone qu'est mouleur, et le gros Bourguignon.
Y a moi z'et toi, et puis aussi Cadet Laniche ;
Tous ces gones, te sais, crachent pas sur la liche.
Y a nos canantes aussi, même nos moucherons.
Qu'en dis-tu ? Y a pour rire, et nous rigolerons !
C'est entendu, qui dit, j'ai répondu pour toi,
Et pour les autr' aussi, de même que pour moi.
A sept heures battantes, rendez-vous général
Su la place Saint-Paul ; c'est pas trop matinal.

Bon, le voilà parti. Moi, je sentions la bise
Qui me geliont le dos : j'avais que ma chemise...
J'enfile ma culotte, en me creusant le front :
Faut porter quèque chose, faut pas être à l'affront ;
Quand on va chez les gones pour décrotter la vivre,
Faut trancher dans le grand et prouver qu'on sait vivre.
Des polets, une tourte !... t'as pas assez de douilles.
Non — je vas faire mieux — acheter deux andouilles,
Plus cinq sous de mutarde, de celle de Dijon ;
Comme ça, chez Fourneau, je serai pas cochon.

A sept heures moins le quart, sur la place Saint-Paul,
Devant chez l'épicier, j'étais déjà pas seul ;
Lacandeur qu'est en fonds propose une tornée,
Pour commencer, qui dit, gaîment cette jornée.
Le mouleur fait de même ; c'était le plus rupin,
Avec sa riguingote et puis ses escarpins.
Les femmes bien bâchées, oh ! ça, faut pas médire,
Des bonnets z'à floquets, non, n'avait rien à dire.
N'y avait que Crasseu, comme il est ramoneur,
Qu'avait pas la figure d'une entière blancheur.

— Toi, que je l'interpelle, quand t'es bien récuré,
Ton nom c'est ben toujours Crasseu-le-Mâchuré,
Te peux tout à ton gré fair' mimi à ta dame,
Mais ça se connaîtrait si t'embrassais ma femme.

Y m'ouvre son portau pour rire largement
Et offre pour finir un nouveau tornement.
De toutes ces tornées, Laniche et Guignon
Faisiont déjà des yeux tendres comme l'oignon.
Tous les deux y z'étiont embarqués pour la gloire,
Faisiont la bouche en cœur et chantiont la victoire.

Voilà que Bourguignon (de sa part, ça c'est beau)
Nous offre jusqu'en Vaise de monter en bateau.
Et non pas jusqu'en Vaise, mais c'est bien jusqu'à l'Ile
Que nous prenons la Mouche, que nous suivons la file.

De l'Ile à Saint-Didier, c'est une promenade
Ousque ça n'a t'été qu'une vraie rigolade.
Les hommes bêtisiont, les gones maraudaient,
Et les femmes, contentes, tout le long bavardaient.
Seulement Lacandeur — voyez sa maladresse —
Nous dit que de Fourneau y n'a pas pris l'adresse ;

Mais que ce Saint-Didier n'est qu'un petit hameau
Ousqu'on nous montrera la maison de Fourneau.
J'arregardais partout, en n'haut et dans la plaine,
Je pensais que Fourneau nous tirerait de peine,
Qu'en z'agitant n'en l'air ses bras en terlégraphe,
Du fichu Lacandeur réparerait la gaffe.

Mais ça tombe de poque, là-bas dans ce varger,
Je vois trois vach', un âne et un petit barger :
Adressons-nous à eux, ça connaît le pays ;
Je vas leur z'y parler. En avant, les amis !

— Mais, me dit Lacandeur, te tourn' à la ganache,
Te ne vas pas parler à l'âne ou à la vache !...

— Est-y assez melon, assez..., mais je m'arrête,
J'ai jamais voulu dire de parler à la bête.
C'est bon quand je te parle.
                             Là-dessus y m'empoigne
Et me dit :

— Faut te taire, autrement je te cogne.
Bourguignon qu'est tranquille et fort comme un chameau

Nous sépare et nous dit :

— Z'enfants, pas de gros mots,
C'est permis seulement de vous cogner chez vous.
Autrement on dirait : Tiens, voilà des voyous,
Des marchands de bouteilles que vont faire un mâchon,
Que savent pas nocer sans le coup de torchon !

Su ces belles paroles, tout le monde s'embrasse,
De notre émotion y reste plus de trace,
Esquepté, cependant, que dessus leurs figures,
De Crasseu nos colombes attrapent des mâchures.
Enfin c'est z'un détail. Je m'en vas vers le mioche
Que nous arregardait, la main dedans sa poche.

— Petit ! que je lui dis sur un ton familier,
Te dois connaître ici notre ami le poêlier ?
C'est Fourneau, te comprends, qu'est z'un porpiétaire
D'une maison bargeoise dans sa pièce de terre ?

— Non, monchu, qui répond, gna gin dans lou paï,
Gnia gin, ni do Forniau, ni do marchin poêli.

Pé trova voutr' affaire, vo fau modo de force
To lo long du chimin ju'qu'à Sainte-Consorce.

Tout le monde fait ho ! et je vois Lacandeur,
Que tortille sa chique et tourne à la pâleur.
Y comprend, l'animal, qu'à la fin on se lasse,
Pour se rassasier, de dévorer l'espace !
Nous sommes tous partis, pardi les ventres vides,
Et nos pauvres canantes en deviennent livides.
Les mioches se mettiont à gueuler tous en chœur.
Et leurs mères commencent à chercher des noirceurs.
Ha, que ça faisiont sale ! Tous ces chicanements
Pourriont bien se changer en bons tapotements.
Autour de Lacandeur chacun faisiont le vide
Comme s'il avait pris la fièvre ophicléide.

Voilà que Bourguignon qui mâchillait sa chique,
Et qu'a toujours le mot pour donner la réplique,
Nous dit :

— Voyons, les gones, s'agit pas de grincher,
Nous sommes là pour rire et pas pour nous fâcher.

J'ai un gros saucisson ; Guignon et puis Laniche
Vont chercher six bouteilles et une grosse miche.
J'en paye quatre z'autres ; allons, cavets, en route,
Cherchons un bon endroit pour y casser la croûte :
Sous des arbres, su l'herbe, tout comme de moineaux,
Et laissons de côté l'adresse de Fourneau !

Voilà qu'est raisonné ! Tout le monde l'approuve.
Tout d'un coup, j'y repense :

— Ho, comme ça se trouve,
Moi z'aussi, j'ai en poche de la tortillaison.
C'est de la cochonaille, tout comme Bourguignon.
Je vas vous y fair' voir. Cré chien ! ma main se mouille ;
C'est Lacandeur, ben sûr, qu'a crevé mon andouille
En me tirigoussant, en attrapant ma veste ;
Pourvu que la mutarde soit pas comme le reste !
Si bien : mutarde, andouille, ma pipe, mon tabac,
Tout est écrabouillé, c'est un vrai mic-mac !

Enfin, tous les amis qu'ont pas de l'amour-propre
En ont mangé leur part. D'abord ma veste est propre,

Voilà dix ans au plus que j'y mets les dimanches ;
Si on y voit de crasse, c'est seulement aux manches,
Parce que, vous savez, on s'y torche la bouche,
Quèques fois sous le nez, ça paraît où ça touche,
Ça finit par cirer. Faut répondre aux brailleurs
Qu'on peut pas tous les jours être chez les tailleurs.

Pour vous en revenir, nous avions du fromage
Qui s'appeliont de Brie ; seulement, le dommage,
Guignon l'avait foutu z'au fond de son castor,
Et ça l'aviont fait faire un tantinet trop fort.
Laniche avait aussi roulé dans son mouchoir
Deux petits rougerets, trois bâtons de jus noir.
Pour les gones, jugez quelles douces surprises !
(Tiens, je dis quasiment la chanson des cerises.)

La femme du mouleur, une grosse mollasse,
Avait dans son jupon un cornet de melasse.
Ce dessert tout de même nous l'aurions ben reçu,
Mais cette grosse vache s'est assise dessus.
Jugez voir, mes fistons, de son em... bêtement,
Quand elle a ressenti... cet embarbouillement.

Ça devait arriver, c'est pas dans un cornet,
Mais toujours dans un pot que la chose se met.
C'est à qui de nos gones pourriont licher ses poches,
Se tirant les cheveux, se foutant de taloches.
Pour se débarrasser de tous ces moucherons,
On les a t'envoyés ramasser de mûrons.
Les femm' étiont joyeuses ; un bon coup de picton,
Y faut pas autre chose pour leur donner du ton.
Les hommes rigoliont en fumant la bouffarde.
Moi, je râclais ma veste que sentiont la mutarde.
Bourguignon, qu'est danseur, dit :

— Faut faire une valse.
Allons, tas de feignants ! faites-nous de la place.

— Valser, ça me connaît. J'attrape la grand' blonde,
Et nous velà tous deux, tornant devant le monde !
Cette grande blondasse met le pied dans sa robe,
Ça fait manquer le pas, alors je me dérobe !...
Je tombe su le ventre de la mère Crasseu,
Que se vautrait su l'herbe avec les paresseux ;
Pour lors, elle m'envoie son pied dans le darrière,
Que j'en ai eu un bleu une semaine entière !...

— Mâtin ! que je l'y dis, en me frottant la fesse,
Vous ne voyez donc pas là ousque ça s'adresse ?

— Non, je ne veux rien voir, j'aime pas badiner,
Faut pas de ces manières quand je viens de dîner.

J'y ai vu que du feu !... la chose est ben çartaine,
Et j'ai cru qui z'alliont me crever la bedaine !...
Là-dessus, les amis se fichiont tous à rire.
C'est Crasseu, seulement, que j'ai pas vu sourire ;
Au contraire y se fâche, que ça faisait pitié,
Qu'on manque de respect à sa grosse moitié.
Y nous tape dessus et le pauvre mouleur,
Qu'a perdu ses souliers, crie comme un voleur,
Sa femme crie aussi ; ou plutôt elle quinche.
On se roule, on se cogne ; au travers moi j'apinche
Un coup de poing sur l'œil qui me met à borgnon.
Heureusement pour nous que le gros Bourguignon
A l'idée de crier :

— Z'enfants, je vois paraître
Là-bas, sur la z'hauteur, un vieux garde-champêtre.

Pour faire croire au maire qui a beaucoup de mal,
Y va nous y dresser un bon procès-verbal...
Allons, tout est fini, faut mettre bas les armes.
Et vous, tendres colombes, y faut torcher vos larmes.
Supposons que la pluie a tourné en calottes,
Et que c'est le grand vent qu'a troué nos culottes.

En effet, on s'arrête, on s'esplique, on raisonne.
On liche un darnier coup; adieu, y a plus personne.
Nous voilà, revenant, gais comme la calendre;
Y en a ben quèques-uns que pouviont pas se rendre.
Le mouleur n'a plus de semelles à sa chaussure,
Y marche sur ses bas en guise de voitures!
Moi, j'ai pas un bel œil, Crasseu l'a en compote,
Et la femme à Guignon, qu'avait une capote,
N'a plus qu'un matefain aplati sur la tête!...
Enfin, c'est pas toujours qu'on se trouve de fête :
Quant à Crasseu, c'est rien, et son œil au beurr' noir,
Demain, avec la suie, on pourra plus le voir.
La grosse, qu'est gênée, marche tout drôlement;
On voit que c'est la faute de son mélassement!...

Quant à Laniche, lui, il a un soupirail
Au fond de sa culotte que semble à un portail !
On l'y a épinglé, c'est vrai, mais ça le pique !...
Y marche en gigottant comme un épilectrique :

Mais, c'est égal, z'enfants, à part ces bagatelles,
Nous avons rigolé à casser nos bretelles !
La rate m'en fait mal rien que d'y repenser.
Et si c'était la chose de pas trop dépenser,
Je ferions bien souvent, au gré de mes désirs,
Ces chouettes parties, qui sont de vrais plaisirs,
Où l'on va sans façons, je le répète encor,
Sans de cérémonies, où l'on est bien d'accord !...
Que ça soye en bateau, en plaine, en montagne,
Croyez-moi, faites-y des parties de campagne !...

A propos de l'adresse de ce pauvre Fourneau,
C'est pas Saint-Didier, mais Francheville-d'en-Haut!...
Je me laisserai plus prendre par Lacandeur,
Que n'a point de mémoire, que fait trop le blagueur.
Et quand y s'agira d'un invitassement,
Moi je prendrai l'adresse bien posétivement.

Je retiens bien les choses, à preuve que mon œil,
Cinq jours après la noce, était z'encor en deuil !

Rapport à cette brute si mal renseignée,
Fourneau nous a fiché la bonne regrognée !...
Il avait préparé du maigre et du gras,
Et tout ça, vous savez, lui restiont sur les bras !...
Y nous a attendus jusqu'à midi trois quarts,
On ne pouvait pas dire qui nous manquait d'égards !

Il est allé chercher, à bout de patience,
Le sacristain, le garde, des gens de connaissance,
Un marchand de recuites, un vieux qu'est blanchisseur,
Un maçon de l'endroit et puis le fosseyeur :

Voilà comment les vivres, chez le père Fourneau,
Ont filé, mes amis, loin de notre museau !...

LE RETOUR D'UN DINER
DANS LE MONDE
OU
CAUSERIE CHEZ LA CONCIERGE

DIALOGUE EN DEUX TABLEAUX

LE
RETOUR D'UN DINER
DANS LE MONDE
ou
Causerie chez la Concierge

DIALOGUE EN DEUX TABLEAUX

LE
RETOUR D'UN DINER
DANS LE MONDE
OU
CAUSERIE CHEZ LA CONCIERGE

DIALOGUE EN DEUX TABLEAUX

PREMIER TABLEAU

LA CONCIERGE.

Chéri, n'oublie pas que c'est dix heur' un quart !
Pour fermer sur la rue, t'es toujours en retard !...
Voilà quèqu'un qui rentre. Ha ! bonsoir, mam' Boulette,
Nous vons fermer l'allée. Mâtin, quelle toilette !

Mme BOULETTE.

M'en parlez pas, j'avais pas pris ma locotière ;
J'ai dit, pour sûr, je vas déranger ma portière.

Aussi, je suis venue comme un viélorcipède.
Fallait me voir trotter plus fort qu'un quadripède !
Et comme on n'est plus jeune, je m'ai lassée ce soir ;
Je vas n'entrer chez vous, un tantinet m'asseoir.
Ha ! mon Dieu, je m'écroule !... ell' branle votre chaise,
Je me mets su z'une autre pour être plus à l'aise.

LA CONCIERGE.

Pardi, vous ferez bien, c'te chaise est z'un achat
Que j'ai fait de rencontre, pour y coucher mon chat :
Mon chat, mam' Boulette, est plus mieux raisonnable
Que les hommes. Le mien se couchait sur la table.
J'ai dit, la pauvre bête, faut lui faire un endroit
Ousqu'y puisse dormir, et il y va tout droit !....
C'est ben heureux pour lui qui soit pas n'à sa place,
Vous lui z'auriez pour sûr crabouillé la carcasse !...
C'est z'un adolescent, peux ben faire son éloge,
Y ne quitte jamais la cour ou bien la loge !
Y faut voir ses grimaces dans ses moments joyeux,
A force de n'en rire, j'en ai les larm' aux yeux !
Mon chat et mon mari c'est tout' ma compagnie,

J'ai que ça, mam'Boulette, pour supporter la vie !...
Tous les deux forcément doivent crever un jour.
Quand cette idée me prend, mon sang ne fait qu'un tour.
Ne parlons plus de ça ; dites-moi donc pour lors
Ça qui vous a tenue tardivement dehors ?
C'est pas curiosité !... Oh ! j'en suis n'incapable,
Ni supposition sensée inconvenable !
A notre âge, pardi, ça je peux bien le dire,
On n'est pas des Margots et l'on sait se conduire.

Mme BOULETTE.

J'ai dîné dans le monde, voilà, mam' Rougegorge,
Chez des gens bien cossus, dans le quartier Saint-Georges,
Des braves mondes, oui, et une ancienne amie
Qu'est sensément boiteuse ; son nom c'est Pélagie.
Cependant, on peut dire qu'elle n'est pas boiteuse ;
C'est comme qui dirait la marche tertueuse
D'un quèqu'un qui aurait la jambe à l'envers !
Que ça la fait marcher quasiment de travers !...
Son époux, qu'est parfait, il est dans la vidange,
Et propre, c'est un charme, et rangé comme un ange ;

Un homme sans défauts, peut pas être jalouse ;
Le sesque est rien pour lui, esquepté son épouse !...
Faut dire qui travaille avec pompe à vapeur :
Ces machines, ça marche sans bruit et sans n'odeur ;
Sur vot' respect, la chose, voyez-vous, maintenant,
S'enlève toute seule, que c'en est surprenant !
A part quèqu'anicroches, c'est pas comme autrefois,
Ça fonctionne, pour sûr, tout comme vous et moi !..
Arregardez-y voir l'effet de la science,
Sur toutes les matières on a d'espérience :
Pour le sûr et certain, ce métier de vidangeur
Est aussi agréyable que d'être confiseur !...
Maintenant, qui disait, y a plus de pourritures,
C'est désinfectiné comme des confitures !...
Y a des gens qu'ont de chance ; mon amie est heureuse
D'être tombée sur lui et d'être vidangeuse !...
Pour ce qui est des mœurs, à elle le pompon !
C'est la gloire du sesque qui porte le jupon !...
Y a jamais n'eu à dire ça qui f'rait mal à l'œil.
Vous savez cependant qui a plus d'un écueil
Pour notre faible sesque. Ha ! tenez, c'est terrible

De penser que la femme, elle, a le cœur sensible,
Qui suffit quèques fois de mauvais god'lureaux,
Qu'ayent de la tournure pour causer bien des maux !
Pour mon compte, mon homme pour ça était bien carme.
Si j'ai t'été z'éprise, c'est lui qu'a eu ma flamme.
Mais, à ces souvenirs, y me faut couper court
Et conter mon dîner pour finir mon discours.
D'après l'invitation j'ai dit : Allons y voir.
Je me suis bichonnée, c'était ben mon devoir !
Tout près des gens cossus, avec moi z'à la table,
On n'aime pas sembler à la poupée du diable !
On a du sentiment, on sait tenir sa place.
Je m'ai z'endimanchée pour avoir bonne grâce.
J'aime pas le commun ni faire la pimbèche ;
Mais, faut toujours tomber comme mars en calèche.

Mais quelle heure qu'il est ? dites-moi, je vous prie ;
Onze heures, n'est-ce pas, au moins, je le parie ?...
Les hommes se permettent de nous dire bavardes !
Ça vaut ben mieux que d'être sombrasseuses, cafardes !
Qui s'arregardent voir : voyons, les malheureux
Sont-y pas, à leur z'honte, carteux, femmeux, vineux !..

Ha ! Mame Rougegorge, faut pas se laisser tondre ;
Quand on vous dit des mots, c'est ça qui faut répondre.

LA CONCIERGE.

Avec vous, mam'Boulette, le temps ne dure pas :
Pour remonter chez vous, d'ici n'y a qu'un pas !...
Restez encore un brin, allons, je vous en prie,
J'ai ben trop de plaisir dans votre causerie....

Mme BOULETTE.

Merci, mam' Rougegorge, on a du sentiment,
Et quand on se friquente, c'est toujours poliment.
J'aime la socité, j'aime à faire causette !
Si je m'épanche pas, ça me coup' la musette !
Oui, j'ai le naturel tourné à l'espansion ;
Vivre comme les taupes serait ma perdition !...
Feu défunt mon époux disait : T'as le cœur tendre,
Eplanche-toi z'en moi ; va, je sais te comprendre !
Lui, n'était pas causeu, devant ou sans témoins ;
Mais si ne causait pas, y n'en pensait pas moins.
Quand y m'arregardait, malgré qui soye louche,
C'est comme s'il m'avait z'esprimé par la bouche !

Et voyez ce que c'est : le moindre grognement
Qui faisait pour parler me donnait d'agrément !...
Ha, mam'Rougegorge, le flambeau d'hynménée
Faut qui flambe toujours comme une cheminée !...
Autrement une onion désassortie vous offre
Le plus affreux tableau qu'offre une castatophre !...
Pour ce qu'est des rapports d'amour et d'amitié,
Non, au jour d'aujourd'hui, que c'est une pitié !...
Au lieu du cœur on trouve une savate sèche !
Pour se transevaser z'alors, y n'y a plus mèche.
Comme on dit : on s'arregarde en vrais chiens de faïence
Et on appelle ça garder la convenance...

Mais, dites-moi z'y voir, ma chaise est-elle sûre ?
Chaque fois que je bouge, elle guigne en mesure !...
C'est que je suis puissante, et son sigognement
Pourrait finir, pour moi, par un z'éboulement !...

LA CONCIERGE.

Ho, non ! Soyez sans peur, c'est la chaise à Dodor ;
Mon homme aime ce va-t-et-vient quand il s'endort.

Mais pour la sûreté, c'est comme une odalisque !
Si ça sigogne un peu, allez, n'a pas de risque.

Mme BOULETTE.

Ha ! tant mieux ; mais d'ici faut ben que je déloge !

LA CONCIERGE.

Vous êtes trop honnête, et ça fait votre éloge,
Mam' Boulette ; j'aime la conversacilion,
Je vous écoute avec admiracilion !...
Vous en êtes restée sur les chiens de faïence,
Que se faisiont des yeux, censé par convenance !...

Mme BOULETTE.

Ha ! mam' Rougegorge, l'égoïsme nous inonde,
Ça doit pronastiquer que c'est la fin du monde.
Faut ben en convenir ; c'est pas comme autrefois :
Tout un chécun s'ostine à se cacher chez soi !...
Plus de bons voisinages, on ne sait rien de rien ;
Plus de friquantations qui faisiont tant de bien !...
On s'évitre, se fuit, semble qu'on est galeux,
Et tout ça, dites-moi, ça rend-t'y plus n'heureux ?...

Au contraire, les femmes sont devenues plaintives ;
Les hommes ont des figures trop rébarvératives.
Jadis y se rasiont, aujourd'hui y font peur ;
Y semblent des bouquins, c'est bon pour le sapeur :
Pour çui-là, je comprends, la chose est ordinaire,
Mais ça n'est pas un homme puisqu'il est mélitaire !
Après ça, comme on dit, les affaires des autres,
Faut les laisser courir, elles sont pas les nôtres !...
Je parle pas pour moi, y me reste une amie
Que vous offre une table qu'est toujours bien garnie.
Quand je dîne chez elle, c'est un' bénédiction !...
Je suis, des fois, trop gonfle, mais c'est l'émotion !...
Faut dire que, chez eux, on sent que tout abonde
Et qui z'ont de dequoi pour recevoir le monde.
Y a pas de potentats, préfets ou chevaliers,
Que fassent mieux les choses que ces particuliers !...
Fallait voir ce dîner : du boudin, du gigot,
Et le vin qu'on a bu à tire-larigot !...
Du saucissson z'à l'ail, le fromage, la moutarde,
Un melon séculent, un plat de marmelade,
Automates en sauce, sans compter des bescuits,

De la double en gratin, mais ça c'était trop cuit;
J'ai pas pu n'en goûter, mettre la dent dedans.
Je m'ai dit : C'est prudent, vu que j'ai plus de dents,
De laisser ça à ceusses qu'ont la ganache forte.
Enfin, y avait de tout, mêmement qu'on apporte
Des pruneaux!... Enfin tout, même de z'éliqueurs!...
Alors, y se sont mis à chanter tous en chœur;
Chacun chantait son air, et j'ai vu le moment
Où j'allais faire aussi mon petit miaulement !...
Pour quant à la musique, elle m'est étrangère,
J'ai jamais su qu'un air, celui : *Il pleut, Bargère !*...
Mais je l'aurais lâché pardi comme les autres.
C'est-y pas n'entraînant avec de bons apôtres ?...
J'ai trempé un bescuit dans du parfait-amour :
Ça, c'est pas un léquide, c'est comme du velours !...
Et mon pauvre défunt souvent m'en a fait prendre
Quand j'avais trop mangé et de z'envies de rendre.
On a comme une courge au lieu de l'estomac :
Y faut z'évacuer, se dégonfler le sac !...
Hé ben, quand j'en prenais un demi-verre le soir,
Une fois dégonflée, je dormais comme un loir !...

Allons, faut s'en aller, bonsoir la compagnie...
Je m'en vas allumer mon reste de bougie ;
Je les mets tous à coin, ça me sert pour y voir,
Sur mon darrière y fait, la nuit, un peu trop noir,
Et, entre nous soit dit, ce vieux porpiétaire
Pourrait ben nous placer un bec sur le darrière !
A-t'y peur qu'on lui ouvre son bec pour la malice ?
Y n'aurait qu'à se plaindre tout droit à la police.
Y sait ben qu'on raisonne trop raisonnablement,
Qu'on lâche pas du gaz pour son amusement.
C'est un avaricieux.... Allons, bien le bonsoir!...

LA CONCIERGE.

Adieu, mam' Boulette, plaisir de vous ravoir !
Sur la seconde marche, mon chat a fait quéque chose :
Mettez pas les pieds d'sus, car ça sent pas la rose.
J'y ai ben tout à l'heure flanqué un peu de cendre,
Mais faut que ça s'enlève pour qu'on puisse descendre.
Ce pauvre chat, sais pas ce qu'il aura mangé,
Depuis avant-z'hier, il est tout dérangé !...

DEUXIÈME TABLEAU

[Tête-à-tête conjugal.]

LA CONCIERGE.

T'as dormi tout le temps, Dodor, c'est pas poli !...
Je vas sercher mes puces avant d'aller au lit.
Toi, quand z'y a du monde, t'as pas de la tenue,
Tu t'es mis à ronfler sitôt qu'elle est venue !
C'est z'une femme à rentes, faut ben que tu le saches,
Ça se voit z'en voyant son chapeau z'à panaches :
Et puis ses farbalas et tout ça qui fait suite !...
Bon, j'ai lâché ma puce, la gueuse prend la fuite.
Mais aussi, de partout, j'ai cherché mes lunettes,
Tu me les as, ben sûr, mis dans quèques cachettes ?

DODOR.

Loulotte, t'as ben tort, de ça suis pas coupable !
Ell' z'étiont, tantôt, sur le coin de la table.
Par ésemple, j'ai vu le chat qui s'amusiont,
Peux pas dire avec quoi, sais pas ce qui faisiont...

LA CONCIERGE.

Allons, oui, ça va bien, ça sera encor moi !
Qu'on fasse des bêtises, oh ! ça, c'est jamais toi !...
Juste ciel, ces hommes !... des têtes de linottes !...
Te n'es bon, vieux benêt, qu'à recoudre tes bottes.
Ha ! si te m'avais pas, t'en ferais de bêtises,
Et tu peux ben bénir le jour où tu m'as prise !...

DODOR.

Mais, Loulotte, jamais moi j'ai dit le contraire,
Si je t'ai n'épousée, c'est que t'as su me plaire !...

LA CONCIERGE.

C'est ben heureux encor, ce mossieu joli-cœur,
Que daigne z'avouer que j'ai fait son bonheur !...
Ha bon, n'en voilà une !... ce coup je la tiens bien.
Cristi, comme elle est grosse, c'est z'une puce à chien !
Dodor, c'est toi, pour sûr, qui me l'as octroyée,
Te laiss' entrer les bêtes que sont pas nettoyées !
Qu'on fasse comme moi : pucer les animals,
C'est z'un plaisir et puis ça évite des mals !

Te le fais pas, Dodor, te trouves ça trop long
De passer la visite dedans ton pantalon !
Aussi, tu te gratouilles, pardi, à tout moment.
De te voir gratouiller, ça, ça fait mon tourment.
Non, non, ces pauvres hommes, si ne nous aviont pas,
Quès-qui deviendriont ben ? Faut les suivr' pas à pas,...
Au figuré, s'entend : point dé docélité !...

Allons, bon ! te voilà qu'es déjà z'alité :
Te sais que j'aime pas me coucher la darnière,
Et qui m'est respucif d'éteindre la lumière !...
Y répond pas, voyez !... y s'en fiche pas mal !...
Pardi, y dort déjà. Ha, quel gros n'animal !
Et demain z'y dira : J'ai passé bonne nuit,
Sans penser qui me fait coucher après ménuit !...
Je parie que mon chat est dehors par la bise !
Faut z'aller lui ouvrir, et je soye en chemise.

Tè, minon, tè chéri !... Ha ! le voilà qui rentre...
Avec tout ça, je m'ai tout rafroidi le ventre !...
Y ne pense jamais à rien ce vieux bêtard ;
On laisse pas déhors un chat, quand c'est si tard.

Voyez comme y se couche !... en vrai chien de fusil !
Y prend toute la place, voyons, bougera-t-il ?
Non, y se trouve bien ; vraiment le mariage
Est une assurdité que l'on fait z'à tout âge !...
Pour mon compte, Dodor, savez, c'est mon deuxième,
Mais je balancerais pour en prendre un troisième !...

Faut dormir, autrement je n'en deviendrais chèvre,
Repensons, pour tomber dans les bras de l'ofèvre !...
. . . .
La vidange !.. mam' Boul !.. mon chat... trop gratiné !..
Et pis... Dodor en sauce !... Vous avez bien dîné !...
. . . .

Deux ronflements sonores, le tic-tac de l'horloge,
Et le chat qui se gratte, sont les bruits de la loge.

L'IVROGNE

SCÈNE DE MŒURS RÉALISTES

en trois Tableaux

L'IVROGNE

SCÈNE DE MŒURS RÉALISTES

EN TROIS TABLEAUX

L'IVROGNE

SCÈNE DE MŒURS RÉALISTES

EN TROIS TABLEAUX

AU CABARET

Je sais pas qui qu'a dit, ma branche, sans le dire,
Pourtant ça a été dit ; à coup sûr, c'est pas moi !...
Le malin qu'a dit ça peut pas se contredire.
Goulot, écoute bien, je le cite pour toi !...
C'est crânement tourné, je t'avertis d'avance ;
Çui-là là, pour le sûr, était l'ami du vin !
Y devait, ce fiston, avoir ta ressemblance.
Mon vieux, je m'y connais, moi, j'ai l'esprit de vin.
Car, d'un bien tendre ami, toi, t'offres le modèle ;
On peut te dire ça, sans faire sa bégueule,

Et je dirai ben plus, ton amitié fidèle
Est toujours disposée à me rincer la gueule !...
L'amitié d'un ami est un bienfait des gueux !...
Goulot, t'es mon ami, à la vie, à la mort :
Et moi je suis le tien, nous le sons donc tous deux.
Après ça faut soiffer pour attendrir le sort !...
J'ai resoif, toi aussi : à ta santé, ma vieille !
C'est une volerie, ces topettes n'ont rien.
Garçon, servez-nous y encore une bouteille.
C'est-y pas vrai, Goulot, ça nous fera du bien ?
Faut ben se soutenir : à la tienne, ma branche;
C'est moi que je régale. C'est entendu, Goulot :
J' suis en fonds aujourd'hui ; toi, ça sera dimanche.
C'est d'accord, te l'as dit, et te n'es pas salot :
A quoi que ça servirait les liens de l'amitié,
Pour laisser son ami crever de la pépie ?
C'est bon pour ceux-là là qu'ont le cœur sans pitié.
Ha ! je vas m'attendrir, verse-moi je t'en prie ?
Verse-moi z'y un coup, à toi pareillement,
Ça sera, comme on dit, le coup du vitrier !
Du vitri.... ha ! mais non, attends donc, censément,

C'est le coup de l'étrill... le coup de l'étrier !...
On ferme la boutique ; filons, faut faire voir
Qu'on possède des mœurs : l'effet de la chaleur
Me fait voir de travers !... Ho là là, qui fait noir !
Vois-tu, quand j'y vois pas, je prends le mal de cœur.
Oui, je l'ai sans l'avoir, tout en l'ayant : Goulot,
Je dis zut au préfet, y a point de becs de gaz ;
Fallait qui me prévienne, j'aurais pris mon falot.
Arrive donc, je crois que te reste en estase !...

DANS LA RUE

Par où faut-il canner, à gauche ou z'à droite ?
Ha ! j'y suis. Viens, Goulot, voilà le bon chemin ;
Cré nom, moi je me cogne, la rue est si étroite
Que nous reviendrons pas y reboire demain....
Mais je suis artéré. Goulot, veux-tu m'en croire,
T'as l'air aussi d'avoir une soif de bédouin ?
Nous vons sercher un coin où nous pourrons reboire ;
Faut s'imbiber, vois-tu, moi j'en ai grand besoin.
Je bois pas en buvant, tout en buvant sans boire ;
Y semble qu'en buvant, je bois sans avoir bu ;

Ha ! que je suis à plaindr', mon vieux, te peux m'en croire,
Je bois pour m'humecter, Goulot, voilà mon but.
On dirait qu'en marchant, je marche sans marcher.
J'ai l'air de fiajoler, sans fiajoler pourtant,
Et toi, te fais de même. Goulot, sans te fâcher,
Prends mon bras, je prendrai le tien en même temps.
Tu sais qu'on dit sans dire, la force fait l'oignon !....
Hé ben, soutiens-moi bien, je vas te soutenir,
Et pis, marchons t'au pas, t'es t'un bon compagnon.
As pas peur, je te tiens, pourtant sans te tenir.
Allons, bon ! te voilà tout agrogné par terre,
T'es tombé sur du gras, si tu peux, en pouvant,
Pouvoir te relever. Attends, c'est pas mystère ;
Je m'en vas te pousser, tout en te soulevant.
Ha ! retiens-moi, mon vieux Goulot, je m'évapore,
Je dégringole aussi. C'est une affaire finie.
J'y suis !... nous barbottons, et dans la boue encore !
Heureusement qu'à deux on se tient compagnie.
Polisson de soleil, c'est lui qu'en est la cause !...
Quatre fioles chécun, c'est pas la mort d'un homme.
Hé ! Goulot, ton ami demande que tu causes ?...

L'IVROGNE

Parles-tu, oui z'ou non ? Je crois qu'il fait un somme.
Le sommeil innocent est toujours respétable.
Je voudrais, tendre ami, t'offrir une paillasse ;
Car, entre nous soit dit, t'as pas ton confortable.
Mais, j'en ai pas sur moi, que veux-tu que j'y fasse !...
Je vas sercher moyen, en agissant d'adresse,
De prendre mon aplomb pour gagner la maison.
Là ! me voilà tout droit !.. Tiens, j'ai mouillé ma fesse !..
Filons ! mais la chaleur n'est pas une saison !...
Et dire qu'y a des gens, que vont prendre les eaux !
Sont-y assez melons, ma parole d'honneur ;
Des patt' à relaver, tous des pâles museaux !...
Parlez-moi z'y du vin, voilà le vrai bonheur !

Ha ! j'aperçois ma rue, qui vient à mon rencontre,
Ma femme va japper, j'y dirai une blague :
C'est l'insolasition que m'a tapé tout contre !
Et si ça ne mord pas, j'y dirais : Tu divagues !...
Y faudrait quasiment, au temps de canicule,
Se priver de boissons, déchesser dans ses bottes :
Des nèfles ! je te dis, ça serait rédicule,
Te ferais comme moi, si t'avais mes culottes.

Bon ! j'y dirai tout ça ; mais, il faut me moucher.
Ousqu'est donc ma batiste ? Tiens, je l'aurai perdue,
Faut qu'elle soye tombée dans la chambre à coucher
Du rossard de Goulot, que pionce dans la rue.
Allons-y carrément... C'est vrai, ma femme est vive,
Y peut pleuvoir des gifles ; que ça me fait en somme ?
J'y rends jamais ; ho non ! je suis su le qui-vive,
Voilà tout. Car, enfin, ma femme est pas homme.
Moi, je cède toujours à ce sesque fragile,
Et quand je rentre paf, sans pouvoir dir' papa,
Elle m'engueule. Oui, mais je reste tranquille :
Voilà mes opinions, moi, je m'en cache pas !...

A LA MAISON

LA FEMME.

Te voilà donc enfin, à une heure sonnante.
C'est propre de rentrer à cette heure si induse.

LE MARI.

Je sais pas l'heure, pardi, moi, j'ai pas de toquante :
Pas de lune ! y fait noir pour trouver la cambuse

Et j'ai eu tant si chaud, le long du bolevard,
Que ça m'a racorni, tout comme une savate,
Que j'en suis devenu rouge comme un n'homard ;
J'ai dit : Faut boire un coup, autrement j'en éclate.
Justement, je rencontre Goulot, qu'est préposable
D'une simple tornée, pour le sûr et certain.
J'ai asquepté ; pardi, pour lui être agréyable,
Ça se refuse pas. C'est pas comme un festin.

LA FEMME.

Que ça me fait, Goulot !... vieux fainéant d'ivrogne !
Te fais regret z'à voir, salopiau, vieux cochon.
Arregarde-toi donc, avé ta rouge trogne ;
Te sors du cabaret pour rentrer au bouchon.

LE MARI.

Vierginie, t'es ma nymphe. L'effet de la chaleur
Est la cause de ça.

LA FEMME.

Veux-tu te taire, enfin ?
Sempillerie, grigou, pillandre, affreux menteur,
Te sens les embocons, la pipe et le vin...

LE MARI.

Vierginie, j'ai soiffé ; mais j'ai pas fait la noce :
C'est l'effet de...

LA FEMME.

C'est bon, t'as le dos tout crotté ;
Te t'es viautré par terre. Va te coucher, panosse.

LE MARI (à part).

On y va. Mais je dis qui fait trop chaud l'été !...
Je boirais ben z'un coup, tout en buvant sans boire.
Vierginie a ses nerfles, mais je la laisse dire !...
Demain, je reboirai, voilà toute l'histoire ;
Ça la fera japper, mais moi ça me fait rire !...

LA VEILLÉE CHEZ MAME SIMAISE

ou

UNE VISITE D'AMITIÉ

LA VEILLÉE

CHEZ

MAME SIMAISE

OU

une Visite d'amitié

LA VEILLÉE

CHEZ MAME SIMAISE

ou

une Visite d'amitié

Drin ! drin ! on a sonné, je vas voir au judas,
Et si c'est un magnin, ma foi, j'y ouvre pas.
Tous les jours ces mandrins sont à vous déranger,
Y a de quoi z'être lasse rien que de se bouger.
Pour sûr y en a que cherchent des adresses par frimes.
Ha, y faut z'ouvrir l'œil, y se fait tant de crimes !
C'est suffit que l'on sait que vous avez des biens,
Que vous êtes braqués par ce tas de vauriens !

Non, c'est mam' Jacasson, salut, bien le bonsoir,
Et mame Ducornet, entrez donc vous asseoir.

— Nous voilà toutes deux, salut, mame Simaise.
Si vous êtes contente, moi je suis ben pus n'aise;
Arregardez, je viens un peu trop sans façon.

— Pourquoi dites-vous ça, chère mam' Jacasson ?
Vous savez qu'à la gêne y n'y a pas de plaisir.
En venant sans atours, vous comblez mon désir,
Je vas vous faire entrer tout droit dans ma cuisine,
C'est ben vous recevoir en amie, en voisine.

— J'ai gardé pour descendr' ma pair' de vieux chaussons.
Quand je prends mes souliers, ça me fait des cuissons,
Je peux rien supporter, et depuis ces froidures
J'ai tous les doigts de pieds garnis de z'engelures.
Ainsi devez penser, ben sûr, sans contredit,
Pourrais pas me coucher sans bassiner mon lit;
J'ai pour ça un vieux pot de braise candécente,
Je le bassine avec et j'en soye contente.
J'avais n'un bassinoir du vivant d' mon mari ;
Mais y s'est fait un trou au fond, ça l'a péri.
Le froid z'aux pieds me fait branler toute la bouche,
Ça m'émeuve comm' si je prenais une douche.

Mon feu s'est rafroidi, j'ai de briqu' pour plancher,
Et ça me disait pas de si tôt me coucher ;
J'ai pris ma capeline, mon tartan, mon bonnet ;
En passant j'ai z'heurté chez mame Ducornet,
Et nous voilà les deux.... Ça va mieux, mam' Simaise,
On voit z'en vous voyant que vous iriez n'en Vaise.

— Merci, j' sens quasi plus ma douleur du croupion
Depuis que je me frotte d'huile d'éscorpion.
Je tiens ce bon remède de mam' Lapurgerie :
L'été passé, j'avais une dessenterie,
J'étions toujours aux lieux, je tombais en léquide ;
Mieux que les médecins, elle a été mon guide,
C'est z'une forte tête, allez, elle est savante,
Avec ça pas z'hautaine, jamais elle se vante ;
Elle m'a conseillé de prendre du blanc d'œuf,
Ça m'a coupé la chose et m'a remise à neuf !
Z'approchez-vous du feu et chauffez-vous bien vite,
Que vous êtes agréyables de me rendre visite !
Ça doit geler ce soir ? C'est un vrai froid de loup,
Je vas remettre au four chauffer mon gros caillou,
Mêmement deux morceaux de brique rifractaire

Ça s'appelle comm' ça, mais c'est de brique en terre.
C'est pas lusqueux, pardi ; enfin vaille que vaille,
Nous serons toutes trois chaudes comme de cailles.
Mon poêle justement je viens de le garnir.
Que vous avez bien fait de penser z'à venir !
Mais dites-moi donc voir, chère mam' Jacasson,
Le fils à la concierge, ce méchant polisson,
Vous aurait donc manqué quasiment dans la rue ?

— Hélas, oui, mam' Simaise, y m'a dit vieille grue !
Motif que j'encombrais sur la porte d'allée,
Ousque j'ai rencontré mame Démantelée.
On se disait deux mots... pour rendre son devoir ;
Faut-y pas se causer quand l'hazard vous fait voir ?
Eh ben, ce chenapan, cette sale pratique,
M'a z'insurtée. Pourtant on a son droit chibique.
Aussi je suis t'allée, et de la belle sorte,
Me plaindre à sa m'man que mangeait su sa porte.
J'ai repensé dépuis d'aller au commissaire,
Quand ell' m'a répondu : Moi, je peux rien z'en faire.
Mame Démantelée peut servir de témoin ;
En prison ça ferait un grand voyou de moins.

Une fois rafroidie j'ai dit : Laissons courir,
Mais qui s'avise pas encor d'y revenir !

— Indébitablement, chère mam' Jacasson,
En l'esterminant pas vous avez eu raison.
Sa mère est sans cœur d'induquer ce moutard,
Qui lui fera ben sûr z'honte z'ou tôt z'ou tard.
Et vous, mam' Ducornet, savez-vous du nouveau ?

— J'ai rien z'appris de neuf, ni en laid ni en beau,
Esquepté cependant qu'à ce nouveau ménage,
En face de chez moi, ousqu'on fait du tapage,
Ils sont en désaccord ; pour eux ça sera force
De demander bientôt cette loi du divorce.
Y sont jamais couchés, y traînent leur buffet,
Les chaises ou la table : ça me fait z'un effet,
Comme un trassautement ; moi qu'ai de l'insornie,
Ça va contribuer à z'aberger ma vie.
Y piaillent tous les deux des fois à pleine gorge,
J'ouvre l'œil comme un chat que se pose dans l'orge.
J'ai beau me rencogner, peux plus me rendormir.
En voilà des voisins, y a de quoi z'en gémir.

—Mais, mam' Ducornet, faudrait z'aller vous plaindre.

— Ha, doux Seigneur! peux pas, ces gens-là sont z'à craindre
Car ils pourriont pour ça un beau jour m'estourber,
Ou dans quèques z'embuches un soir me fair' tomber.
Supposition : ce soir, en quittant ma voisine,
Pourraient bien m'agrafer et me tordre l'échine.

— Hé ben, mam' Ducornet, foi d'Eudoxie Simaise,
Pour rester comme ça faudrait que ça me plaise,
Et même au Président de notre République
J'y porterais sans z'honte demain une supplique.
C'est pas dans mes instincts, faudrait que ça finisse,
Je fourragerais tout, les erbains, la police.
Qu'est-ce que c'est que cet homme qui vous fait tant de torts?

— La concierge m'a dit qu'il était croque-morts !

— Dieu! que dites-vous là ! nous ons dans la maison
Un croque-morts! Tenez, je tombe en pâmoison ;
Faut qu'il devienne fou, notre porpiétaire ;
Mais j'en vas pas dormir ben sûr la nuit entière.
Aussi j'ai fait n'un rêve, y a de ça la quinzaine,
Où je voyais un chat tenu par une chaîne ;

Y s'est lancé sur moi, m'a mordue z'à la fesse !
Malgré moi le matin j'avais de la tristesse,
Rapport, c'est z'immanquable ; tenez, mam' Dégourdi
A vu crever un chat la nuit d'un vendredi.
Ha, ça n'a pas manqué, deux, trois mois, tout au plusse,
Son homm' a t'attrapé le choléra merdusse !

— Oui, oui, mame Simaise, je suis de votre avisse,
Ceux qui z'y croyent pas sont des gens qu'ont du vice.
Nous ons ben sûrement chécun sa destinée.
J'aime pas quand j'entends une femme ostinée
Rire d'un bel ouvrage nommé *la Clef des Songes*,
Dire ça qu'est dedans ça n'est que des mensonges.
Mam' Simaise, vous n'en avez pas connaissance ?
Pour ce livre, moi j'ai bien de reconnaissance :
Aussitôt que je fais un rêve biscornu,
Crac, moi j'ouvre mon livre et le voilà connu !
Les hommes croyent pas, se disent supérieurs ;
Si z'avaient la croyance y seriont ben meilleurs,
Et entre nous soit dit, au lieu de fair' leurs têtes,
Y montreriont d'esprit, mais y sont ben trop bêtes !
J'en parlais devant l'homme à notre revendeuse,

Cet insolent m'a dit : Vous êtes radoteuse,
Votre clef et vos rêves, vous savez, moi, j'y coupe !
Mais c'est un sac à vin, c'est un gros plein de soupe,
Pourvu que s'ingurgitre un tas de z'aliments,
Ça n'a ni cœur ni âme, et pas de sentiments.
Heureusement qu'en a qui sont plus raisonnables,
J'en sais qu'ont fait parler des chapeaux et des tables ;
J'ai vu chez un quéqu'un une table tornante,
Eh ben, elle n'avait pour sûr rien d'étonnante.
Ces gens sont z'incapables de rien dissimuler,
Y m'ont dit qu'en tapant elle pouvait parler.
Pour ça y faut se mettre autour de ses contours,
En gigottant ell' fait le tour des alentours.
Des gens bien z'étonnants que tous ces médiomes,
Qui sont des aspirites, sornambus, c'est tout comme.
Ceux-là y z'y voient double, c'est des magnatiseurs.
Tout ça c'est bien prouvé, c'est pas des carotteurs.
Je me suis laissé dire qu'on leur perçait le ventre,
Même le gras du bras, sans crier quand ça entre,
Qu'au contraire y dormiont sans faire de grimaces,
Et ce qu'est surprenant, ça laisse pas de traces ;

Et ce qu'est z'incroyable et plus fort de beaucoup,
C'est z'un homme, on l'a vu, qui se coupe le cou.
Sa tête su la table, posée dans une assiette,
Y regarde le monde, leur z'y fait la causette.
Là, dites-moi n'un peu, c'est y pas incroyable ?
Pour ça y faut qui fasse un pac avé le diable.

— Mam' Ducornet, j'avoue que suis pas compétente,
Et si je l'avais vu j'en serais pas contente.
J'ai jamais pu saigner ni poules ni poulets,
J'aime pas le carnage, ça me coup' les mollets,
J'ai vu jeter à l'eau un chien qu'était malade
Hé ben, je suis rentrée le cœur en marmelade.
On dit que c'est risible d'être sainte Nitouche,
Mais c'est plus fort que moi, tuerais pas une mouche.

— Mam' Jacasson, croyez, suis bien votre semblable,
Je fuis tout ce qu'a l'air d'avoir l'air lamentable,
Les z'hurlements des bêtes, le boucan, la dispute,
Ça me tire les nerfles, j'en ferais la culbute.
L'été passé, j'étions au parc de la Tête-d'Or,
Assise sous les arbres, bien gentiment. Pour lors,

Y avait de jeunes gens dessus des encycliques :
Ça marche sans marcher, vu que ces mécaniques,
Tout en ne marchant pas, roulent si vivement,
Qui z'ont pris, sur le dos, un patafiolement !
Ça m'a tant bouliguée que j'ai pris la diarrhée,
J'ai cru que j'en perdais le foie et la corrée !..
Mame Lapurgerie, cette femme d' mérite,
M'a soignée ; c'est z'alors que j'ai t'été guérite.
Vous comprenez, voisines, qu'avez de comprenette,
Qu'elle méritait bien que je paye ma dette ;
Aussi, j'y ai offert d'eau de fleurs d'oranger
Et un chausson aux poires de chez mon bolanger,
Sans compter deux dîners ; moi, je suis pas crasseuse,
Faut ben être économe, mais pas avaricieuse !...

 Assez parlé de ça. Etes-vous consentantes ?...
Nous vons faire un besig' pour nous rendre contentes.
Voilà de z'haricots pour s'en servir de marque,
Les gros ça marque cent, retenez la remarque.

 Coupez, mam' Ducornet, savez ?... qui coupe bas,
C'est un dit-on qu'on dit, au jeu s'en repent pas !...

Ha! j'en étions ben sûre pour ce qu'est des atouts,
— Quarante de misère — j'en ai toujours beaucoup.
A propos, le bossu qu'est parruquier au Change,
On m'a dit — vingt de cœur — sa femme se dérange!
Pour raser tant de z'hommes — quarante de binage
Et dix de par dessous — faut pas être en ménage.
Dans ce métier, y z'ont trop de jeunes pratiques,
Ces petits god'lureaux, ça cherche — vingt des piques —
(Vous marquez pas souvent), ce bossu c'est z'un cuistre;
A sa place, j'aurais — quatre-vingts de ministres —
Et les — deux cent cinquante. — C'est de trop pour gagner.
Le pauvre parruquier peut z'aller se peigner....
C'était pas bien brassé, j'ai eu tout le dessus;
J'ai gagné et j'en ris tout comme un vrai bossu.

— Mais non! mame Simaise, çui-là ne peut pas rire.

— C'est ben vrai, le pauvre homme, c'est manière de dire,
Quand on a z'une femme que vous fait la coiffure,
On peut pas posséder une joye trop pure.
Après ça, entre nous, ça c'est pas notre affaire,
Y faut pas s'en mêler et pis les laisser faire.

— C'est l'heure de rentrer, nous vons, chère voisine,
Vous quitter. Pour sortir je mets ma capeline.

— Allons, mame Simaise, bien à les revoyances,
Et, seurtout, rêvez pas à des n'extravagances !
Rapport aux croque-morts, comprenez ma raison,
J'espère ben les voir filer de la maison.

— Ha ! moi, j'ai mon idée, sur ça je suis féroce,
C'est pas pour les caniches qu'on a fait le divorce !...

— Moi aussi, j'ai l'idée, j'en ai encore plus d'une,
Peuvent déménager, sans payer, à la lune.

— Un homme que travaille dessus la chair humaine,
Ça peut pas s'implanter, allez, j'en suis certaine...
Rentrez donc, le bizet va souffler votre lampe ;
Pour remonter z'en n'haut, nous vons prendre la rampe,
Si longtemps qu'on cercule et l'escalier est bon.

Voilà mes agacins, que piquent tout de bon !...
Que vous avez de chance d'avoir pas d'engelure !
Allons, bien le bonsoir et à la revoyure.

UN ÉBOURIFFÉ DE PLUS

DÉCLARATION D'UNE NAISSANCE A L'ÉTAT CIVIL

UN ÉBOURIFFÉ DE PLUS

DÉCLARATION D'UNE NAISSANCE
A L'ÉTAT CIVIL

UN ÉBOURIFFÉ DE PLUS

DÉCLARATION D'UNE NAISSANCE A L'ÉTAT CIVIL

En deux mots, vous savez que, lorsqu'on se marie,
Si les enfants arrivent, on va z'à la mairie.
Un nouveau-né, ça donne du boliversement,
Mais çui-là que j'ai eu m'a laissé d'agrément ;
Car des honnêtes gens on possède l'estime
Quand on peut déclarer un gone légitime !...
Mais, çui-là qu'on peut pas déclarer comme tel,
On lui z'y a flanqué le nom de naturel !
Je l'admets ; mais, les autres, y sont donc empaillés ?
Faut convenir que les mots sont ben embrouillés !...

Ça me vient en passant comme réflexion ;
Mais, je reprends la chose de ma narration.

Depuis hier, je suis père d'un bon luron,
Qu'a pas l'air de cracher dessus le biberon.
D'abord, cet enfant-là, faut le faire z'inscrire
Et lui donner un nom : tout ça, c'est pas pour rire ;
Faut z'avoir deux témoins. J'ai dans le voisinage
Deux amis, que demeurent tous deux à mon étage ;
Y demandent pas mieux de me rendre sarvice :
Je paierai à boire et crève l'avarice !...

C'est convenu. Je prends ma veste du dimanche,
Mon chapeau trois-soixante et ma chemise blanche ;
Les amis sont rupins, tous les deux sont soignés ;
On ne pourra pas dire : Voilà trois mal peignés !...
Tout près de la mairie, d'une voix de ténèbres,
Un gone me raccroche pour les pompes funèbres ;
Y me dit qui fournit, toujours avec succès,
Tout ça qu'est nécessaire par suite des décès !

— Va-t-en donc te gratter, que je dis, Boniface,
J'ai pas l'air de pleurer... Arregarde ma face !...

Au contraire, je ris...

     — Moi, je sais mon métier,
Qui dit, et vous avez tout l'air d'un héritier !...

— Voyez-vous ce mami, sa rubrique m'amuse,
Et tout ben combiné, ça n'est pas une buse !...

Nous entrons dans la salle, ousque je vois un garde
Qu'avait l'air de dormir. Enfin, y m'arregarde,
Moi aussi, pourquoi pas ? On dit qu'un potentat
Regarde ben son chien ! Y a pas de vil état !..
Alors, je lui demande qu'il oye l'obligeance
De me montrer le maire : c'est pour une naissance.

— Y a pas besoin du maire pour ça, pas que je sache,
Qui répond en bâillant à fendre sa ganache ;
Prenez ce colidor, vous verrez l'écriteau ;
Vous direz votre affaire aux gens de ce bureau.

Moi, je vas jusqu'au fond, j'entre : c'est des latrines !
Sapristi ! ce marquant s'est fiché de nos mines !
Je vas le saccager...

     — Faut pas que te t'emportes,
Que disent mes témoins, voilà une autre porte !...

Nous entrons : c'était là, je fais ma révérence ;
Près d'un vieux à lunettes poliment je m'avance.

— Messieu, que je lui dis, c'est pour vous prévenir
Que j'ai un petit mioche que vient de me venir.

— C'est vous, qui me répond, qui en êtes le père ?

— Dites donc, vieux farceur, c'est pour rire, j'espère,
Que vous me dites ça : je suis pas un benêt !
Sachez que j'ai la tête tout proche du bonnet ;
Quand j'arrive chez vous pour déclarer la chose,
Et surtout poliment, j'aime pas qu'on me glose !...

— Mais, vous perdez la boule, que répond le bonhomme,
Vous comprenez fort mal : je vous demande en somme
Vos noms, votre demeure et votre qualité....
J'inscris également votre paternité.

— Alors, c'est différent ; mais, j'avions d'émouvances
Rapport qu'on m'a flanqué dedans les lieux d'aisances :
On ne vient pas parler au maire, j'imagine,
Pour qu'on vous intercane tout droit dans la latrine.

— Allons bon, qui répond, c'est une autre lubie !
Arrivez donc au fait, Monsieur, je vous en prie.

— Je demande pas mieux que de dire le fait,
Mais, laissez-moi parler et ça sera parfait :
Je veux que mon petit porte le nom de Blaise ;
Si ça vous déplaît pas, nous en serons ben aise !...

— Blaise quoi ?... qui me dit

— Non, c'est pas Blaisequoi,
C'est Blaise Ebouriffé, faut vous dire pourquoi :
Le nom d'Ebouriffé, c'est mon nom de famille.
J'ai encor mon papa, qu'a épousé ma fille ;
Par conséquent, mon père, il est aussi mon gendre.

Sur ça, le vieux se fâche et dit :

— Faut vous apprendre
A parler devant nous avec civilité,
Je représente la loi et l'autorité !...
Cessez, je vous l'ordonne, d'incohérents propos ;
Autrement, vous iriez faire un tour au dépôt !...

— Mais, Messieu, attendez : vous pensez que je blague
Ou ben qu'en vous parlant, j'ai l'esprit que divague.
Messieu l'état civil, je suis pas un suspect,
Je dis la vérité dessus votre respect...
Pour lors, écoutez-moi avec attention,
Alors, vous comprendrez ma filiation...
Je me suis marié, cette idée n'est pas neuve,
Seulement faut vous dire que j'ai pris une veuve
Qu'avait eu une fille (seize ans, voilà son âge),
Une chouette fille d'un premier mariage.
En épousant sa mère, c'est moi qui suis son père,
Son beau-père s'entend ; vous comprenez, j'espère :
Mon père qu'était veuf venait à la maison,
Il s'éprit de la fille, à perdre la raison,
Et l'épousa, pour lors, vous devez me comprendre.
Mon papa, par ce fait, est devenu mon gendre.
Ce qu'on peut appeler bizarrerie amère,
C'est que ma belle-fille est devenue ma mère !
On peut pas dire non ou ça ne se peut pas,
Vu que c'est ben ma mère, la femme de papa !...
Hier matin ma femme a eu un gros garçon.

Il a ben de la chance, ce nouveau nourrisson ;
Car, sans avoir besoin de chercher un détour,
Il est frère à papa en recevant le jour ;
Autrement dit, beau-frère. Pour ne rien embrouiller
Faut ben que je vous aide à vous débarbouiller.
C'est forcé, puisqu'il est le frère de ma fille
Qu'est la femme à papa. Tout ça vous entortille ?
Mais je suis pas encor au bout de mon rouleau ;
Donc, écoutez la suite, claire comme de l'eau :
Mon fils, il est mon oncle, ça vous paraît plus fort ;
Si vous le croyez pas, c'est que vous avez tort :
Mon fils est ben le frère de celle qu'est ma mère,
C'est ben mon oncle enfin, le frère de mon père,
Quoique son petit-fils, puisqu'il est mon garçon.
Vous voilà ben fixé de la bonne façon !...
Ma mère, à son tour, vient d'avoir un moutard,
C'est encor du gâchis, vous le verrez plus tard.
Je parle de ma fille, qui est ma belle-mère !
Faut pas en m'écoutant dire que j'exagère.
Tout naturellement, c'est un Ebouriffé.
Ce gone, c'est mon frère ; ça, ça m'a esbrouffé,

Et lui, ainsi que moi, portons le même nom !
C'est l'enfant de papa, vous ne direz pas non !...
Il est mon petit-fils; en suivant la filière,
Etant fils de ma fille, je suis ben son grand-père !
Ecoutez encore ça, ça paraît impossible !
Je suis le petit-fils de ma femm', c'est risible !
Oui, elle est ma grand-mère, peut pas être autrement,
Mère de ma mère, et puis finalement
Moi, comme son époux, suis grand-père comme elle;
Donc, je suis mon grand-père !... en voilà une belle !...

Dites-y voir, c'est rare, messieu le Secrétaire
D'aligner sur un livre cette drôle d'affaire !
Et si l'état civil se trouve pas content,
Ma foi, j'y comprends rien, et suis plus compétent.
J'amène deux témoins, forts sur la signature,
Que sont là pour répondre que tout va en droiture,
Et que cette naissance je l'ai pas inventée,
Mes deux copins connaissent toute ma parentée.
Et que je dis ben mieux, je me fais un devoir
Si vous voulez en être, nous vons aller pour voir

Si nous pouvons vider un pot de bon vin vieux,
A la santé du gone ; y s'en trouvera mieux.

— Merci bien, qui répond ; pour que je vous délivre,
Faut signer tous les trois, vos noms dessus ce livre.

— Pardi, sans être fort, sur ça qu'est l'orthographe,
Je vas au bon endroit faire ma pataraphe.
Et quant à mes témoins, les malins sont de z'aigles,
Ferrés sur la grandmère et sur les quatre règles !
Sans se fouler y peuvent user votre encritoire
A remplir, de leurs noms, tout votre gros grimoire.

Sur ça nous griffonnons, à l'endroit désigné,
Et nous ons pris la porte, après avoir signé.

LA GUIGNE
DE FRANÇOIS LE VELOUTIER
RACONTÉE PAR LUI-MÊME

LA GUIGNE

DE

François le Veloutier

RACONTÉE PAR LUI-MÊME

LA GUIGNE

de

FRANÇOIS LE VELOUTIER

RACONTÉE PAR LUI-MÊME

L'amour, ce gueux d'amour, fait faire des bêtises ;
On tourne à l'imbécile sans rime ni raison.
Sur ce chapitre-là, j'ai fait des gognandises
En lentibardanant, je suis resté garçon.
Je vas vous expliquer comme quoi, étant d'âge
Ousque le cœur galope à la vue des canantes,
J'avais tiré le plan de me mettre en ménage :
Deux colombes, pour moi, étiont bien séduisantes.
Voyez que les surjets manquiont pas à ma flamme :
Entre ces deux fenottes pourtant fallait choisir ;
Mais, pour le conjongo, quand on prend z'une femme,
Je m'étais dit : François, te presse pas d'agir.

Je vas vous y dépeindre mam'selle Mariette :
Ses cheveux étiont noirs comme la queue des merles,
Des petits yeux pointus comme une parcerette,
Et ses dents, quasi blanches, sembliont de grosses perles ;
On aurait dit entendre, en entendant sa voix,
Le son d'un fiageolet, plus doux pour la douceur,
Ou d'une clarinette, ça, c'est à votre choix ;
Enfin, de l'écouter, ça gratouillait mon cœur !...
Et par-dessus tout ça, crachait pas su l'ouvrage,
En piquant ses bottines, du matin jusqu'au soir.
Ha ! tant drôle Mariette, te m'as fait du ravage,
Et, comme un Nigodème, j'ai manqué de t'avoir !...
Censément, vous vous dites, c'était ben simple à faire,
Fallait lui z'esprimer une déclaration !
C'est çartain, mais une autre savait aussi me plaire :
Pouvais pas, subito, prendre ma décision !...
Enfin, me direz-vous : Te connaissais Toinon ?
Pardi, j'ai pas de z'honte, faut que chécun le sache.
Toinon me bottait bien ; ça, je ne dis pas non :
Elle était d'un beau blond, couleur de queue de vache ;
Ses yeux étiont censé couleur d'eau de boutasse,

Y z'aviont des reflets bleus tirant sur le vert ;
Des fois, son doux regard devenait si bonasse,
Que ça me retournait l'esprit tout à l'envers !...
Un teint comme un satin, plus blanc pour la blancheur ;
Une grosse frimousse, rouge jusqu'au menton ;
Une bouche agréyable que sentiont la fraîcheur ;
Des cheveux su les yeux, frisés comme un mouton !....
Nous ons fait connaissance dans le même quartier :
Moi, je fais des velours et elle était canuse ;
Pardi, nous connaissions tous les deux le métier.
C'était ben engageant ; mais, je suis qu'une buse
D'avoir pas recharché à faire la conquête
De mam'selle Toinon qui, ben çartainement,
Aurait z'évu du charme à garder sa banquette ;
Et nos cœurs, enflammés bien sympathiquement,
N'auriont pas eu de peine à tisser nos façures !
Je sais ben que des ans, le long de la longueur,
Ont fait des pas-faillis et de z'impanissures !...
Mais l'amour, ça vous mène comme un régulateur ;
L'amour, comprenez bien, c'est comme un bon panaire,
Qu'empêche l'existence d'avoir aucune tache,

Et, mituellement, en serchant z'à se plaire,
Des maillons de la vie jamais rien ne s'arrache !...
Enfin, pour en finir de conter mon déboire,
J'avais censé un plan pour trancher la question.
Vous allez voir que c'est z'une drôle d'histoire :
C'est l'hazard qui devait fisquer ma position !...

Tout le long des Tapis, je me flânions, rêveur,
En pensant z'à Toinon de même qu'à Mariette.
Pour lors, je dis : François, faut soulager ton cœur,
Tâcher de te remettre à fond dans ton assiette :
T'as un écu en poche, fais le sauter su place ;
Pour cette occasion, te peux le rendre utile !
Ça sera l'une ou l'autre en jouant pile ou face !...
Toinon ça sera face et Mariette pile !...

C'est bon, c'est décidé ! Je lance mes cent sous !
Moment trop sorlennel que voile le mystère,
Mon ventre que barbotte est sens dessus dessous !...
Le voilà que retombe et roule su la terre !
Mais, voyez mon guignon, je l'ai lancé si mal,
Qu'au lieu de s'aplatir il s'ensauve et roule,

Et pis, finalement, tombe dans un canal !
Dites, y avait-y pas de quoi perdre la boule ?...

Tout penaud, je me dis : C'est de mauvais augure ;
François, faut laisser ça, faut plus t'amouracher ;
Les gones te reluquent, rient de ta figure ;
Tes cent sous sont toisés, crois-moi, va te cacher !
T'es mouché, pauvre vieux, mais c'est z'une leçon,
Je sais que c'est vesquant, que ça te contrarie :
Laisse-là les canantes et reste bien garçon ;
T'es trop z'enguignonné pour que tu te maries !...
Je pense plus à rien en passant ma navette,
Ce polisson d'amour, y cause trop de peine !...
Faut dire que Toinon, ainsi que Mariette,
Plus que moi, elles ont de chance et de veine !...
Elles sont en ménage, l'une vend de vaisselles
Et de z'herbages avec, dedans le clos Chaumais ;
L'autre fait de chaussures, je crois, en rue Flesselles,
Et de z'enfants aussi : ça, ça manque jamais.

Si vous voulez m'en croire, au surjet des amours,
Vous y laissez pas mordre, ça vous rend trop panosse :

Ça m'a désempillé, jadis, mes plus beaux jours.
Faut pas être amoureux pour se faire de bosse.
Surtout, tâchez moyen, en jouant pile ou face
(C'est un jeu qu'est connu des gones de Lyon),
De choisir un endroit, comme une grande place,
Que soye sans canal !... Voilà ma conclusion....

PARADE

de

GRINGALET ET SON PATRON

A LA VOGUE DE LA CROIX-ROUSSE

PARADE

DE

GRINGALET ET SON PATRON

A LA

Vogue de la Croix-Rousse

PARADE

DE

GRINGALET & SON PATRON

A LA

Vogue de la Croix-Rousse

LE PATRON.

Gringalet, t'as soupé, t'as mangé comme un bœuf,
Avance voir ici, et que dis-tu de neuf ?
Si t'avais tes moyens, te répondrais de suite :
Un neuf, c'est la moitié du nombre dix-huit !...

GRINGALET.

Ho, là là, qué malheur, faut ben que je vous dise,
Patron, c'est trop connu, ça, c'est de la bêtise ;
Si vous parlez de neuf, faut dire des meilleurs,
Faut pas vous en mêler ou ben chercher ailleurs.

LE PATRON.

Hé ben, alors, dis voir à notre socité
Un fait intéressant qui fasse nouveauté.

GRINGALET.

Pardi, c'est pas malin, et je vas leur z'y dire
Une chouette chose qu'on peut pas contredire :
Quand il tombe de l'eau, le ciel devient si terne,
Qu'on est ben obligé de prendre sa lanterne,
Ses socles, son riflard...

LE PATRON.

               De mon pied au derrière
Je vas te renfoncer ton eau et ta lumière.
Comprends donc, animal, qu'en parlant de la pluie
Aux mondes qui écoutent ce sujet-là l'ennuie.

GRINGALET.

Ha, bon, j'y suis, patron, y fallait donc me dire
Que ceux-là qui nous lorgnent ont des envies de rire.
Je vas vous y donner quèques bonnes recettes,
Et ça mettra en joie ceux qui sont pique-assiettes.

Ecoutez voir, patron, pouvez-vous censément
Répondre à ma question, d'aplomb, subitement ?
Sans œufs comment fait-on pour faire une omelette ?
Allons, tâchez moyen d'ouvrir la comprenette...
Il faut donc vous le dire ?... Vous chargez deux moutards
D'aller vous acheter douze œufs, beurre et des lards.
Quand vous avez tout ça, renvoyez-les chez eux,
Vous pouvez faire cuire l'omelette sans œufs !
Cette recette-là, moi, j'en fais pas mystère,
Vous pouvez la redire à votre cuisinière !...
Lui faut-il des poissons ?... Dites-lui qu'elle achète
Un régiment de ligne, et sa friture est prête !

LE PATRON.

C'est très bien, Gringalet, avec satisfaction
Je vois que t'as mordu à l'induction.
Mais dis-moi voir un peu. Connais-tu de ton père
L'enfant qui ne pourra jamais être ton frère ?
T'as beau me regarder, faire la bouche en cœur,
Hé ben... cet enfant-là... grand benet... c'est ta sœur !

GRINGALET.

C'est vrai, ça, mon patron, et le fait est ben clair,
Vous êtes pas si bête que vous en avez l'air !
Attendez, je vous donne ce problème à résoudre :
Par un gros temps de pluie, faites partir la poudre
Au milieu de la boue et de l'eau, en hiver;
Faut la faire partir par le chemin de fer.

LE PATRON.

Attends, je vais t'apprendre, sans être grand savant,
Le moyen de voir l'heure au beau soleil levant.
C'est facile, garçon, la chose est fréquente,
Mets la main au gousset, regarde ta toquante.

GRINGALET.

Ho, ça, c'est pas de jeu, vous lancez une blague,
Vous dites des choses qui restent dans le vague.
Connaissez-vous, patron, et ça c'est pas un conte,
Le moyen d'acheter un cheval à bon compte ?
Allez chez la mercière sans porter des milliards,
Elle vend l'écheveau un sou ou bien six liards.

C'est-y pas ben tapé ? Croyez-vous qu'un malin
Comme moi va rester tout penaud en chemin ?
Tenez, parlons donc voir un peu de botanique,
Voyons si vous pourrez me donner la réplique :
Connaissez-vous la plante employée constamment
Par tous les médecins de mon département ?
Il s'agit pas de mauves, bourraches, ni pourpiers,
Vous connaissez son nom... c'est la plante des pieds.
Les concombres tout jeunes sont des amis discrets
Qui se laissent manger pour garder vos secrets.
Ils se font dévorer, soit au gras, soit au maigre,
Voilà pourquoi ils sont confidents du vinaigre !
On dit que sous l'aspect du plus parfait bonheur,
Se cache bien souvent chez l'homme un ver rongeur.
Gardez-vous d'en parler, patron, devant un Corse,
Vous savez que toujours le ver ronge l'écorce.

LE PATRON.

Dis-moi donc, gros malin, je cite au hasard,
La première des pièces de feu Monsieur Ponsard ?
Gringalet, laisse-là un trop long préambule,
Et réponds simplement : C'était son vestibule !

GRINGALET.

Une supposition ! Vous faites un voyage,
Vous rencontrez de l'eau qui barre le passage.
Si vous avez un âne, vous pouvez passer l'eau,
Sans le secours d'un pont ni même d'un bateau ;
Par exemple pour ça faut lui mettre sa selle,
Vous lui montez dessus, et... vogue la nacelle !

LE PATRON.

Mais, mon pauvre garçon, cette vieille rubrique
Est tout à fait connue et pas de ta fabrique.

GRINGALET.

A propos des bourriques, patron, devinez voir
Quand y semblent à des marquis, matin ou soir ?
C'est-y pas bien flatteur, même pour des ânesses,
D'apprendre qu'on a l'air d'être dans les noblesses.
Hé ben, voilà la chose : du haut d'une montagne,
Vous voyez les chemins, au bas, dans la campagne,
Les baudets qui y passent ont fort bon air, ma foi,
On les voit constamment passer en bas de soi !

LE PATRON.

Ça, c'est pas trop mauvais, voyons, as-tu fini,
N'as-tu pas des parents qui se nomment Jauni ?

GRINGALET.

Pardi, j'ai un cousin, c'est çà un vieux farceur,
Qui dore par état, c'est... Jean Jauni doreur !

LE PATRON.

Gringalet, t'as, je crois, trois frères pour famille ?

GRINGALET.

C'est bien ça, mon patron, nous sommes quat' sans fille,
Mon oncle qu'est vannier, même son fils aussi,
Sont de gros commerçants qui sont pas loin d'ici ;
Un beau jour que le fils faisait son inventaire,
Il avait dix-neuf vans de plus que son grand-père ;
Mais pour se marier ça lui a fait du tort,
D'avoir un gros nez rond, c'est-à-dire un nez fort !
C'est comme vous, patron, sans tirer des augures,
Vous avez le nez fait comme les engelures !

LE PATRON.

Gringalet, tu me flattes, tu me vois enchanté,
Demain nous viderons un litre à ma santé.

GRINGALET.

Vous parlez de santé, patron, c'est pas un tort,
Que voulez-vous qui fasse quand un vieillard en sort ;
S'y vivait deux cents ans que de chos' y verrait,
Et que de bonnes blagues ce vieillard en saurait !
Qu'ès qu'un vieillard en ferait, privé de jugement ?
A l'entendre, on dirait : Bon, ce vieillard me ment !
Pardi, quand on est vieux, y faut bien sans murmure
S'entendre désigner du nom de vieillard mûre,
Heureux quand il n'est pas, par quelque jouvenceau
Qui manque de respect, traité de vieil arceau !

LE PATRON.

C'est assez, mon garçon, passe-moi le crachoir.
Bigre ! quel jaboteur que tu me fais ce soir !
Voyons, sais-tu pourquoi une bonne chanteuse,
Qui remplit au théâtre le rôle d'amoureuse,

A mauvais caractère quoiqu'elle vous enchante ?
C'est que dans l'opéra toujours elle aime et chante !
Toi qui es musicien, saurais-tu, quand tu chantes,
Pour exprimer l'amour prendre une voix brûlante ?
Que dis-tu de cela ? C'est un truc des plus bons,
Il faut prendre pour ça une voie de charbons !

GRINGALET.

Patron, vous vous trompez, je chante plus du tout,
J'ai des chats dans la gorge, c'est l'effet de ma toux !
A propos, vous savez qu'avec la médecine,
En Suisse, les docteurs guérissent la rétine !
J'ai connu un monsieur qui ne pouvait plus voir,
Et qui trouvait pour ça le canton d'Uri noir.
Le pauvre homme voulait s'en aller à Paris,
Mais sa femme disait : Restons tous à Uri,
Il ne vaut pas la peine de s'en sauver là-bas,
Je vois trop clairement mon homme percé bas !

LE PATRON.

Ha ça, mais, Gringalet, en as-tu pour longtemps ?

GRINGALET.

Patron, c'est pas fini, j'irais jusqu'au printemps,
Saus manger, sans dormir, et mêmement sans boire,
Que je pourrais pas dire la fin de mon histoire !

LE PATRON.

Gringalet, c'est assez, repose-toi à l'aise,
On peut pas t'appeler esprit numéro seize.

GRINGALET.

Seize ! Qu'ès que c'est ça ?

LE PATRON.

      Et oui, ça va tout droit,
Seize est un chiffrement qui fait bien treize et trois !

Mesdames et messieurs, à votre intention,
Va t'avoir une grrrande représentation
D'équilibre, d'adresse, de sauts et de bascule,
Par l'homme sans pareil ! Allons, avance, Hercule !
Cet homme que voici est né à Carentan,
Dans la Manche, et il a à peine dix-huit ans !

La force, la beauté, il a tout pour sa part,
Les connaisseurs se disent : C'est un morceau de l'art !
Madame son épouse, qu'est forte sur les armes,
Pratique le chausson et la boxe avec charmes.
Si parmi vous il est quelque bon amateur,
Pour lors, qu'il se présente, Madame aura l'honneur
De tirer le fleuret, la boxe ou les chaussons !
Sans attendre un instant, Messieurs, nous commençons.
Entrez, et vous verrez un espectacle unique !
C'est deux sous par personne... En avant la musique !

LA CIVILITÉ

DISCOURS

PRONONCÉ A UN DINER D'AUVERGNATS

LA CIVILITÉ

DISCOURS

PRONONCÉ

à un dîner d'Auvergnats

LA CIVILITÉ

DISCOURS

PRONONCÉ A UN DINER D'AUVERGNATS

J'ai rencontré Menus, qu'est marchand de charbons,
Et qui vend bien souvent des mauvais pour des bons.
C'est dans les habitudes et, au jour d'aujourd'hui,
Tout un chécun ensemble, nous faisons comme lui.
Faut trimer pour gagner cette chienne de vie !...
Pour mon compte, z'enfants, j'ai eu des fois l'envie
De quitter les grollons, de me faire rentier
Ou ben carpitaliste, qu'est un chenu métier ;
Mais, ça n'a pas mordu : pour tâter les jaunets
Faut z'être bien malin ; c'est pas pour les benêts.

J'avais dix francs dix sous, j'écoute un animal
Qui me dit dans le temps : Vous ne feriez pas mal
De porter à l'Union vite vos capitaux ;
Vous pouvez, dans un mois, avoir quatre châteaux !...
Quatre, que je me dis, ça serait trop de chance.
J'en veux qu'un : c'est assez pour faire la bombance.
Pensez-vous ? Un château ! Je croyais le tenir ;
Mais, des nèfles ! z'enfants, je l'ai pas vu venir :
Cette sempillerie m'a rousti mon argent
Et çui-là de bien d'autres, un tas de pauvres gens,
Que bavent par la faute de la poison d'Union,
Qui s'en fiche pas mal et garde le pognon !...

Alors, je me suis dit : Faut pas faire la bête,
Et leur z'y faire voir que j'ai encore ma tête !
Puisque j'ai des moyens naturels de nature,
Faut z'esbrouffer les gones dans la littérature !...
En varsification, sur *la Cévilité*,
J'ai fait un gros bouquin, qu'a été bien goûté !...

Voilà pourquoi Menus, qu'est pas mauvais garçon,
M'a dit qu'il allait z'être d'un dîner sans façon,

Ousqu'y voudrait leur z'y communiquer à l'aise
Mon livre, à moins, pour lors, que ça ne me déplaise ?

— Au contraire, j'ai dit, je m'en vas subito
Vous chercher mon bouquin que vous aurez bientôt.

—Mais, que reprend Menus, c'est un mâchon sans gêne,
Faut venir lire ça !... Venez, je vous emmène !...

Voilà pourquoi je viens avec ma pouésie,
Présenter mes sarvices à votre compagnie !...
Si vous avez besoin de moi ou de ma muse,
Parlez-y à Menus, y connaît ma cambuse ;
Ou demandez Gnafron. Dans la rue Ferrachat,
J'y suis connu des gones et des chiens et des chats ;
Au cinquièm' su la cour, le colidor à droite,
Vous voyez sur la porte une grande pancarte,
Ousque vous y lisez : « Gnafron, littérateur,
« Pouète, va-t-en ville, au choix de l'amateur ;
« Réparateur de lettres, comme de la chaussure ;
« Fait la correspondance et le neuf sur mesure :
« Couronné à Brindas pour sa *Cévilité*,
« Qu'est un livre connu pour son honnêteté !... »

J'ai tiré de ma tronche, à votre intention,
Un cuchon de z'avis, voilà l'indication,
Ou la manière honnête de vous tenir à table
Sans vous faire regret et d'y être agréyable!...
Pour aller dans le monde, par le temps de chaleur,
Y faut tâcher moyen de pas donner d'odeur !...
Pour ça, il faut changer, quèques jours à l'avance,
De chaussettes ou de bas, à votre convenance,
Pour montrer à chécun que vous êtes bien né.
En mangeant, faut pas mettre votre doigt dans le nez !
Et pis, en socité, faut avoir un mouchoir,
Autrement ça fait sale et pas joli à voir !...
A table on est cogné tout contre ses voisins,
Faut pas leur z'y monter dessus les agacins.
Au beau sesque surtout, faut laisser de la place,
Autrement ces colombes vous feriont la grimace !...
Les gens mal induqués bavent dans leur assiette,
Torchez-vous sur la manche à défaut de serviette;
Ou, du dos de la main, passé avec adresse ;
Alors on voit que vous savez la politesse.

LA CIVILITÉ 169

Pour plaire au sesque faible, y faut plus d'une chose.
Croyez-moi, ce métier n'est pas toujours tout rose!...
Enfin, quand on se trouve en bonne socité,
Faut leur z'y faire voir qu'on sait la propreté,
Qu'on est de bons lurons et pas de grinepilles,
Que restent tout cavets près des femm' et des filles.

Si, par le grand t'hazard, la tête vous démange,
Faut pas se gratouiller dans tout ça que l'on mange :
C'est pas que ça soit sale (entre lurons surtout),
Mais je sais qu'aux canantes ça ne va pas du tout!...
Or, z'enfants, croyez-moi, quand on fait la bombance,
Faut respecter les goûts ainsi que l'innocence.

Mais, arrêtons-nous là, pas de phirlosophie,
Faut blaguer et bien rire, ça donne bonne vie.
Ça n'est pas défendu nulle part, que je sache,
De rire de bon cœur et d'ouvrir la ganache ?...
Pas avant le dessert, faut parler de romance.
Ce moment-là venu, le plus malin commence ;
Mais faut pas se forcer, pousser des beuglements,
Comme un veau affamé ; ça n'a pas d'agréments !

Faut pas prendre trop p'haut, ni non plus un bas ton,
Chantez pas par le nez, ça fait le mirliton !...
Enfin, çui-là que chante comme une casserole,
Faut pas qui s'en mêlasse, ça n'est pas dans son rôle.
Cependant, entre amis qui jouent de la fourchette,
On peut ben essayer de lâcher sa trompette.

Pour avoir, des colombes, une ou deux chansonnettes,
Ça, c'est une autre affaire, faut prendre des manchettes !
« Messieu, je suis trop gonfle ! » cætéra, cætéra.
Tout ça, c'est pour z'y faire leurs petits embarras ;
Enfin, y a pas de mal, et pour votre bonheur,
Faut passer bien des choses à ce sesque enchanteur ;
Quèquefois elles chantent tout comme une sardine,
D'autres, c'est un filet que glisse à la sourdine.
Quand elles chantent bien, ho, alors, c'est tôt dit :
A la fin du mâchon, on est z'en paradis !

Retenez bien tout ça, vous n'êtes pas panosses ;
Faut toujours rigoler quand on va dans les noces.
Jamais vous saloper en faisant la ribote,
Mais prendre censément chécun votre culotte !

Bien soiffer, bien chiquer, tout à votre loisir,
Et alors, vous aurez un bien canant plaisir.
Enfin, pour tarminer, suivez bien mes leçons,
Vous irez roupiller, gais comme des pinsons !
Faites pas de boucan, le soir par le chemin,
Autrement vous pourriez aller jusqu'à demain
Pioncer sur le pucier du Palais de justice,
Et montrer vos binettes au bureau de police !...
A votre doux portier, faites pas de la peine
Et glissez lui deux sous pour qu'il soit de l'aubaine ;
Ne soyez pas grincheux dedans votre ménage,
C'est le meilleur moyen d'éviter du tapage.

 Enfin, Messieurs, Mesdames, et toute l'assistance,
Qu'avez prêté l'oreille à cette racontance.
Je vous souhaite des jours tramés d'or et de soies,
De chiquer bien souvent de poulardes, des oies,
De boire de bons coups de Bordeaux, de Champagne,
Et pendant tout l'été de flâner en campagne ;
Tenez-vous les pieds chauds et la bedaine libre,
Vous garderez longtemps toute votre équilibre !...

LES BONNES

CONFIDENCES AMICALES

EN UN ACTE

LES BONNES

CONFIDENCES AMICALES

EN UN ACTE

LES BONNES

CONFIDENCES AMICALES

EN UN ACTE

PERSONNAGES:

Mademoiselle ROSE. | Mademoiselle JULIE.

[La scène se passe au marché des Cordeliers.]

ROSE.

Bonjour, mam'zell' Julie.

JULIE.

Ha ! bonjour, mam'zell' Rose. Ça va pas mal ?..

ROSE.

Merci, et vous pareillement ?..

JULIE.

Ho, moi, ça va très bien ! Je vas prochainement
Changer de place...

ROSE.

Tiens !... contez-moi donc la chose ?

JULIE.

Faut ben changer quand on a de mauvais bourgeois.

ROSE.

Pour ça, vous avez ben raison, mam'zell' Julie.

JULIE.

Ha, laissez donc, Madame n'est pas du tout polie,
Avec ça d'un z'hautain !... et dites-moi pourquoi ?...

ROSE.

C'est ben partout de même. Moi z'aussi, je suis mal.
Je viens de rencontrer notre amie Benoîte,
Qui m'a dit que bientôt elle quittait sa boîte,
Sa dame est trop chipie et Monsieur trop brutal !...
Non, au jour d'aujourd'hui, ce n'est rien de le dire,
Faut plus de sentiments pour occuper les places.
C'est-y pas écœurant de voir tant de grimaces ?

Si on n'en souffrait pas, y aurait trop de quoi rire :
Monsieur fait son mylord !.. Madame, sa pimbêche !..
Y sont jamais contents, que ça vous fait rager ;
Après tout, c'est la fille d'un ancien boulanger,
Et on dit que Monsieur ne roulait pas calèche !...
Mais, revenons, mam'zell' Julie, à votre affaire,
Vous disiez donc ?. .

JULIE.
Pardi, j'y ai flanqué mon sac !
Et ça lui apprendra de faire du mic-mac,
Pour un ci, pour un ça, enfin de n'en trop faire !...
Depuis longtemps, Madame, me faisait de la peine
Avec ses grognements et ses airs de princesse.
Un beau jour, je m'ai dit : Faut pourtant que ça cesse,
Et crac, avant-z'hier, j'ai donné ma huitaine !...
J'avais, vous sentez bien, serché une autre place,
J'ai trouvé une boîte où j'ai un plus gros gage !...
Et Madame est vexée, de colère elle enrage.
Ma foi, tant pis pour elle, moi, j'ai cassé la glace !...
V'lan !... ça lui z'apprendra que, quoique domestique,
Aussi bien qu'elle, mieux, on a du sentiment.

La concierge m'avait ben dit que rarement
On demeurait longtemps dedans cette boutique !
Mais, vous savez, des fois, on ne croit pas toujours
Ça que disent les gens qu'ont de l'expérience.
C'est un tort à coup sûr, j'y ai perdu patience ;
Enfin, c'est pas trop tôt : je file dans cinq jours !

ROSE.

Ces bourgeois de deux liards, ça se donne des airs
De gens cossus ; au fond, voyez, c'est pas pour dire,
Mais c'est de vrais crasseux, des pingres, encor pire !...
Aussi, chez eux, ça va... à tort et à travers !...

JULIE.

Tout ça, voyez-vous bien, ça fait pas mon affaire
Quand je viens du marché, du fruit, de la légume,
Vite, pour recompter, Madame prend la plume,
Si je gratte dix sous, c'est tout ce qu'on peut faire :
Pour dix malheureux sous, quèquefois quinze, seize,
Faut l'entendre japper : Julie !... enfin, Julie !...
Vous payez tout trop cher !... mon Dieu, quelle folie !
L'argent vous coûte rien, vous en faites à votre aise !...

Patati patata, et ça n'en finit pas.
Que diable, quand on donne dans le bourgeoisement.
On doit laisser la bonne compter plus largement,
Dites ?... C'est que dix sous de plus pour un repas !...
Y a-t-il de quoi beugler ?... J'aime pas ce contrôle,
On a ben trop de peine à gratter quèque argent,
Et ne dirait-on pas à entendre ces gens,
Du matin jusqu'au soir, qu'on pillarde, qu'on vole !...
Y a aussi la question du manger et du boire !...
Tout ça à lèche-doigts : souvent j'ai mal au cœur ;
Dans ce cas, j'aime à boire un peu de la liqueur ;
Mais, depuis peu, la clé est sortie de l'armoire !,..
Là !... est-ce assez petit !... Aussi, pour me venger,
J'y ai fait une farce, sans la rendre malade,
De mettre un purgatif mêlé à la salade !...
Et je m'ai fait des bosses de la lui voir manger !

ROSE.

Ah ! vous avez fait ça ?... En voilà une farce !...

JULIE.

Oui, je suis comme ça, j'aime à me revenger :
Ça m'est venu du coup, même sans y songer.

De l'huile d'héricin, j'ai dit, voilà sa place,
Et v'lan ! j'en ai fourré deux bonnes cuillerées ;
Ça leur z'y a t'appris à fermer la boisson,
Et j'ai-t'y pas bien fait ?... et j'ai-t'y pas raison ?...
Pour des grelus qui tirent le vin et les denrées !...
Le lendemain, mam'zelle, fallait voir cette mine,
Elle s'est pas doutée de cette manigance.
Le docteur est venu, qu'a fait une ordonnance....
Moi, je crevais de rire au fond de ma cuisine.
Comme je suis retinte, vous pensez, je m'en fiche :
J'entre chez une dame qu'est veuve et rentière,
Qui n'est jamais chez elle au dire de sa portière,
Et qui ne compte pas, vu qu'elle est ben trop riche.
Au revoir, mam'zell' Rose, faut pourtant que je rentre :
Je vas voir si Madame a toujours mal au ventre.
D'ici à la quinzaine, faudra venir me voir
Et, pour être plus libre, faudra venir le soir !...
Ha, mais je m'en y vas, voyez ma maladresse,
Sans vous laisser son nom, ainsi que son adresse :
Madame Dérangé, cinq, place Bellecour !
Vous prendrez la montée qu'est au fond de la cour.

Comme ça vous viendrez tout droit dans ma cuisine :
Si vous trouvez quéqu'un, dites : C'est ma cousine !...
Et, si nous sommes seules, je veux vous régaler
De quelque chose fine avant de s'en aller !...

ROSE.

Merci, mam'zell' Julie, à charge de revanche.
Si vous vouliez venir me chercher un dimanche,
Nous irions rigoler ensemble à la Rotonde :
C'est là qu'on s'amuse ! c'est là qu'a du beau monde !..
J'y connais des garçons qui sont de bons danseurs,
Qu'ont de bonnes manières, et qui sont bien farceurs !..

JULIE.

Nous ons trop bavardé !... A revoir, je vous plante.
Je suis sûre que chez nous, Madame s'impatiente !...
Mais, je vas lui compter quèques bonnes couleurs :
Que je viens de chez ma tante qu'a ses douleurs !....

ROSE.

Adieu, mam'zelle Julie ! à revoir ! je m'en cours !...
J'irai vous voir bientôt, là-bas en Bellecour !...

LA GUÉRISON DE MON NEVEU
PAR LE SORNAMBULISME

HOMMAGE RENDU A LA VÉRITÉ
PAR LA TANTE BARBOTOT

LA GUERISON
DE MON NEVEU
PAR LE SORNAMBULISME

HOMMAGE RENDU A LA VÉRITÉ
par la Tante Barbotot

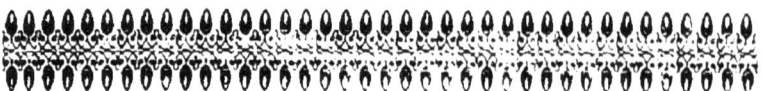

LA GUÉRISON DE MON NEVEU
par le Sornambulisme

HOMMAGE RENDU A LA VÉRITÉ

PAR LA TANTE BARBOTOT

Ben sûr, vous croyez pas que le sornambulisme
Ça soye une science pleine de réyalisme !
Hé ben, vous avez tort. Moi, veuve Barbotot,
Je vas vous en ficher la preuve surbito.
Et pas ben difficile pour ça, je vous l'assure,
A moins que vous ayez la jugeotte trop dure
Pour comprendre tout ça que je vas raconter,
Ou que chécun s'ostine à ne pas m'écouter.
Ho, alors, y faudrait me le dire d'avance !
Mais non, vous me feriez pas cett' inconvenance,
Les gens du voisinage que font ma sorcité
Sont trop ferrés à glace sur la cévilité !

Enfin, voilà la chose : mon neveu Zéphirin,
Du côté de mon homme défunt, qu'est son parrain,
Qu'habite en Dauphiné tout près de Pusignan,
A le truc du commerce et y n'est pas faignant,
Vu qui fait du négoce dessus les animaux,
Et que pour ça y roule dedans tous les z'hameaux :
Les vieux os et les peaux de lapins, tout y passe,
Y trimbale tout ça su sa pauvre carcasse ;
Faut croire qu'à l'odeur, cette sempillerie
Ça peut vous y donner de la dessenterie !
Tenez, moi, quand mon chat s'oublie dans ma loge,
Je sens mon estomac que bat comme une horloge.
Faut brûler du papier, autrement cette odeur
Me ferait torner l'œil et prendre mal au cœur !
Mais faut croire que les hommes sont coriaces,
Que c'est rare d'en voir que nous font des grimaces.
Ça fume et ça chique, ça liche les rogommes,
Y z'ont pas le cœur tendre, tous ces malins de z'hommes,
Tandis que notre sesque y boit d'eau d'arquebuse
Pour lui fouetter le sang, mais jamais y n'abuse.
Des fois on boit la goutte de café ; hé, pardine !

Y s'en privent pas rien, les gones, j'imagine.
N'est-ce pas positifle? Je voudrais les entendre,
Si on ouvrait des zings où les femm' iriont prendre
La goutte ; ça serait notre droit comme à eux,
Et en bonne justice, pas rien trop malheureux.
Pour moi, ça m'est z'égal, je vas chez l'épicière,
Que vend de z'aliqueurs à sa pauvre portière ;
Sans ça y a des matins qu'on est si matinal,
Que privée de ma goutte je me trouverais mal.

Faut pourtant revenir au neveu Zéphirin,
Qu'est ben un peu sans l'être un tant soit peu serin.
Bon garçon, pour le sûr, mais pour la comprenette,
C'est aussi innocent que pour faire toilette !

Un matin, il arrive, me dit :

— Bonjour, ma tante !

— Te voilà, que je dis, ça me rend ben contente.
T'es venu à Lyon, et pour quel motif ?

Y se grattait les jambes et allongeait le pif.
Enfin y me répond et dit :

— Je suis malade,
J'ai la peau que me brûl', drèt comme une échauffade.

— T'as la peau échauffée ! c'est une échauffation.
Faut z'aller chez querqu'un, prendre consurtation.
Attends, j'ai ton affaire. Su la place Grenouille,
Y a z'une sornambule que jamais ne s'embrouille ;
Vois-tu, rien qu'à te voir, madame Clarvoyant
Te dira un remède, surtout z'en la payant.

— Comprenez, qui répond, que vous comprenez rien,
Si vous comprenez pas que je comprends pas bien,
C'est donc un médicin, dites, cette femelle ?

— Pardi, et un fameux qu'a une clientèle.
Y faut pas barguigner. Allons, va, mon garçon,
T'es sûr en l'écoutant d'avoir ta guérison.

— Oui, qui dit, je vas voir.

      Et le voilà qui file ;
Faut dire qu'avec moi il est toujours docile,
Qu'il est ben respectueux pour moi d'un grand respect,
Et qui trouve jamais ça que je dis suspect.

Depuis, je l'ai revu en ben bonne santé,
Et voilà censément ça qui m'a raconté :

En sortant de chez vous, je vas chez la Grenouille
Qu'est place Clarvoyant ; allons... je m'embarbouille...
C'est pas mame Grenouille, c'est mame Clarvoyant,
Qu'est z'une grande maigre, qui dit en me voyant :

— Jeune homme, asseyez-vous, mon homme va venir,
C'est lui qui me tripote et que me fait dormir.

C'est bon ! Je vois entrer un grand particulier,
Que lance ses deux bras tout comme un marguillier.
Y me lorgne, me dit :

— Que voulez-vous savoir ?

— Moi, je veux rien savoir, je viens, c'est pour avoir
Un remède, attendu que la peau me démange.

—Vous avez là, jeune homme, un mal qu'est ben étrange,
Que marmotte la femme, faut z'aller vous laver,
Et rester dans le bain, longtemps, sans vous lever.

Et elle dit encore ben d'autres fariboles
Sans remuer la tête, les bras ou les guiboles.

13

Je me disais sans dire : c'est comme une estatue,
Cette fantôme-là me flanque la barlue.
Pour lors, voilà le grand que se démantibule,
Censé pour éveiller sa femme sornambule.

— C'est trente sous, qui dit, pour la consurtation,
Allez, et suivez ben son indication.

Je paye, mais je pense, y connaît son affaire,
Une autre fois j'irai chez le vétérinaire,
Pour quinze sous y traite une vache et son veau,
Ça vaut pas davantage pour parler de ma peau.
Et quand je suis dehors, je vas en rue Mercière
Où l'on m'a dit qu'on trouve des bains sur le derrière.
J'y entre et je demande :

      — Vous reste-t-y encor
Un baquet assez grand pour me saucer le corps ?

— Oui, mon ami, l'on va vous préparer un bain.

— Dans ce cas, moi je peux donner un coup de main ;
Passez-moi seulement un siau, un arrosoir,
Pour ce qui est du puits, faudra le faire voir.

Y avait, à une banque, une grosse poutrone,
Que ricane en disant : Non, nous avons le Rhône.
Cette grosse me blague, mais faut z'être endurant,
On sait ben que le Rhône est sous le pont Morand.
Le valet me fait signe, y m'ouvre un cabinet
Ous qu'a un grand chaudron avec un robinet.
Je croyais me tromper, mais le valet m'assure
Que c'est là, et que lui il est z'un pédricure.
Ça, ça m'est ben égal, c'est son nom censément,
Faut que je lui demande un bon renseignement :

— Dedans ce grand chaudron, y faudrait qu'on me dise
Si l'on est z'obligé de garder sa chemise,
Rapport à la décence ? Moi, si ça vous arrange,
J'aime mieux la quitter, j'en ai pas de rechange.
Comprenez bien la chose ; comme je suis pas bête,
Au-dessus du baquet on verra que ma tête.

— Ça nous est ben égal, que répond ce garçon,
Nous en voyons ben d'autres, agissez sans façon !

Là dessus, y s'en va, riant comme les singes.
Ça lui fait z'oublier un gros paquet de linges.

Tant pis pour lui. Je vois la clef dans la serrure...
Je donne un tour ou deux... allez, ça me rassure !
Me voilà dans la seille ! Dire ça que ça fait,
Je peux pas l'espliquer, mais, ma foi, c'est parfait.
Ça m'étonne pas ben, vu que, de bonne foi,
Je me sauce la viande pour la première fois !
Cette gueuse de seille, je m'y suis n'endormi
Pendant au moins trois heures ou trois heur' et demi.
Mais voilà Pédricure que chapote à ma porte.
Ça m'a fait trassauter ! Que le diable l'emporte !

— Mossieu, j'ai beau pousser, qui dit, c'est inutile
Je ne peux pas ouvrir !

     — C'est ben sûr, imbécile,
Que j'y réponds, puisque j'y ai donné un tour.
Laissez-moi donc tranquille, j'en ai pour tout le jour,
C'est dans mon ordonnance, y a pas de priambule.
Allez voir si c'est vrai, chez cette sornambule.
Mais soyez pas en peine, j'ai du pain, du fromage,
Et j'ai de l'eau pour boire ; allez à votre ouvrage.

Je l'entends grognasser, mais comme j'avais faim,

J'empoigne mon fromage et mon morceau de pain.
Et pour boire, pardi, j'étais pas ben inquiet,
J'avais qu'à allonger le bec dans mon baquet !
Y a des gens grimaciers, faut ben le reconnaître,
Mais moi je me crains pas quand c'est pour mon bien-être.

J'entends sonner six heures, j'ai fini de dîner,
C'est quasiment assez me lentibardaner.
Jamais je m'étais vu si bien débarbouillé.
Mais faut prendre patience, vu que je suis mouillé.
Voilà qu'on rechapote; ha, gueux de Pédricure !
Non, j'entends une voix qu'est d'une autre nature.

—Un moment, que je dis, je cherche mon mouchoir
Pour m'essuyer, faut ben le temps de se revoir.

Enfin j'ouvre la porte, c'est le maître qui entre.
Y paraît en colère, vu qui dresse son ventre !

—Qu'est-ce que c'est, qui dit, Mossieu, cette manière?
On reste pas ici une jornée entière...
Et se fermer, encore... Fallait nous prévenir !
Je vous engage pas, Mossieu, d'y revenir !

Mais, moi, comme j'ai pas la langue dans ma poche,
Et que ce patrigot échauffe ma caboche,
Je l'arregarde ben dedans le blanc des yeux,
Et j'y dis :

    — Fichez-moi la paix, ça vaudra mieux !
Ous-qu'est ce Pédricure, faites-le donc paraître !
Je l'avais prévenu, y doit le reconnaître.
Fallait ben me fermer... j'avais pas ma chemise ;
Quant à ce qu'est du temps, ça, c'est de la bêtise !
J'emporte pas vot' eau, j'ai ben bu du bouillon,
Mais si peu, et encore ça sentiont le graillon !

A l'entendre, on dirait que j'ai commis un crime.
Et voilà qui répond :

    — Tout ça, c'est de la frime,
Au lieu de tant parler, Mossieu, vous ferez mieux
De payer la dépense et de vider les lieux !

— Moi, je suis pas gandou, pour faire cet office.
Pour un marchand d'eau chaude, vous ons trop de malice,
Allez donc voir parler à cette sornambule ;
Cette femme dira pourquoi qu'on le boscule.

C'est moi qui lui ai dit de se faire dissoudre,
Et bien d'autres raisons qu'elle peut vous découdre.
Tenez, voilà vingt sous, c'est trop cher pour de l'eau.
Mais j'y suis ben forcé pour retaper ma peau.

Fallait voir en sortant, la grosse, la maîtresse,
Elle faisiont des œils tout comm' une tigresse !
Cette femelle-là, qu'est plantée dans son trône,
M'avait blagué pour me faire avaler le Rhône.
Ça mord pas, voyez-vous, je suis tout badiné.
En sortant l'on me ferme la porte sur le nez.
C'est Pédricure qui rit tout contre la vitre !

— C'est bon, que je lui dis, t'es t'un sournois, un cuistre !
Et t'as beau grimacer de ton museau de fouine,
Viens pas à Pusignan, ou gare à ton échine.

Tout ça n'empêche pas que depuis ce moment
J'ai z'éprouvé sur moi un grand soulagement,
Que cette sornambule, y faut le reconnaître,
M'a nettoyé le cuir du coup, en main de maître.
Ça ma coûté, c'est vrai, en tout cinquante sous,
Mais faut ben dépenser pour sortir de dessous.

Dites bien à ceux-là qui ne sont pas croyants
Qu'ils peuvent consurter la grande Clarvoyant!

Mais pour se benouiller la jornée toute entière,
Qui s'en aillent pas rien dans cette benouillère.
C'est tous des pédricures ! J'ai z'été bien heureux,
Sans pédricurements, de sortir de chez eux.

UNE
LEÇON D'HISTOIRE NATURELLE

RENCONTRE SCIENTIFIQUE AUX ENVIRONS DE LYON

UNE LEÇON

D'HISTOIRE NATURELLE

RENCONTRE SCIENTIFIQUE AUX ENVIRONS DE LYON

UNE LEÇON

D'HISTOIRE NATURELLE

Rencontre scientifique aux environs de Lyon

Un dimanche matin, du côté de Craponne,
Je flânions, quand je vois de loin venir un gone,
Qu'aviont de parpillons piqués à son chapeau.
Bon, je me dis : Çui-là a z'un coup de marteau !
Il avait à la main un petit filochon,
Et une boîte verte pendue comm' un manchon.
Tout d'un coup, je le vois que se baisse, que gratte.
Que diable que lui prend ?... Ce cavet y m'épate !
Je m'approche de lui et je vois qu'à l'hazard,
Y tâchiont d'attraper un rat ou un lézard :

— Mossieu, que je lui dis en paroles honnêtes,
Dites-moi, sir vous plaît, quelle chasse vous faites ?

Vous n'avez ni fusil, ni aucun z'afustiaux
Dont les chasseux se servent pour prendre les ziziaux !

— Mon ami, qui répond, je cherche la science.
Cette chasse se fait en Chine comme en France,
Et, comme vous voyez, même jusqu'à Craponne !...

— Allons bon, que je pense, ce vieux-là me la donne.
On ne chasse pas ça !... Lui, voyant ma surprise,
Tire une queue de rat et renifle une prise,
Puis m'allonge sa boîte, en me disant :

— Prenez !...
Ça ouvrira l'esprit en passant par le nez.

Je fais semblant d'en prendre pour me mettre en faveur,
Mais c'est ben d'abord vu ; ça, c'est un vieux farceur !..

— Jeune homme, qui reprend, je suis naturalisse,
La nature, l'étude, ça fait tout mon délice !
Je cherche les secrets des histoir' naturelles ;
J'étudie les mœurs des rats, des sauterelles,
Des taupes, des grillets, des serpents, des grenouilles !...
Dans l'ordre végétal : du blé jusqu'aux citrouilles.
Je classe et mets en ordre les genr' et les familles !

UNE LEÇON D'HISTOIRE NATURELLE

Je pensais : Pauvre gone, t'as l'esprit en guenilles !
C'est un maboule, enfin, que croit faire la classe
Aux z'hannetons, aux taupes, et je crois que sa place
Serait de protesser à Bron, ou encor mieux
D'étudier les puces chez les Saint-Jean-de-Dieu !...
C'est là qui trouverait à classer la punaise !
Ça ferait son bonheur er j'en serais ben aise.
Enfin, laissons-le dire, faut jamais contredire
Les gones maboulés, ça les met au délire.
Et puis, j'ai ben le temps, je suis n'en pormenade,
Je vas faire parler mon nouveau canmarade.

— Mossieu naturalisse, que j'y dis en douceur,
Espliquez-moi comment que ça pousse la fleur ?...
J'aime entendre jaser, même du parpillon,
Et vous faites pas mal marcher le batillon ?...

— Je le veux bien, qui dit, mais mes jambes sont lasses,
Dessous ces conifères, cherchons deux bonnes places.

J'arregardais partout pour ne pas lui déplaire.
Que diable veut-il dire avec ses cognefrères ?...

— Tenez, asseyons-nous : de ce site champêtre,
Les fleurs qui l'embellissent, vous allez les connaître !..
Genre liliacées, voici la fritillaire !...

— Ha, c'est la frite à l'air ? je dis pas le contraire.

— A vos pieds, vous avez l'ogaric-champignon !

— Ho, pour ça, non ! mossieu, j'ai deux cors, un oignon :
Souvent, dans mon soulier, ça me fait ben souffrir,
Je voudrais ben trouver moyen de me guérir !...

— Voyez ces graminées qui forment les gazons !
C'est un tapis charmant, de toutes les saisons,
J'y vois quelques sujets dans les rubiacées :
Remarquez qu'ils diffèrent de tout' les rosacées.
Voici le *Mimosa pudica*, mais sauvage ;
Les cultivés sur lui ont un grand avantage.
Dionée, desmodie, sont du genre sensitive :
Vous comprenez que la science positive
Ne peut pas les confondre avec les népenthès !...

Ce gone est un crampon, que j'en suis n'embêté :
Moi je me fais vieux là et j'en ai ben assez,

Avec ses pu da ca, et puis ses fricassés.
On dit que, quand on couche avec un moucheron,
On se lève crotté et on a ben raison !
Je m'en vas m'escaner et sans cérémonie.

— Remarquez l'urticée, autrement dite ortie !
Sa piqûre est brûlante, ne vous y frottez pas.
Mais ça, vous le savez, regardez tout, là-bas
Sur ce coteau, jeune homme, que mon doigt vous désigne !
Voyez l'ampélidée, c'est-à-dire la vigne !...

Pour lors, c'est différent, s'y parle du raisin,
Je reste cramponné : je suis l'ami du vin.

— Mossieu, je vous préviens, su le vin je suis fort !
Si vous dites des bourdes, ça vous fera du tort.

— Les légions de Probus, ont apporté en France
L'*Uva Carthagena*, faites la différence ;
La matière sucrée, qu'on appelle glucose,
Et la fermentation, montant à forte dose,
Composent la liqueur appelée jus divin !
Et voilà, mon ami, ce que c'est que le vin !...

Je pensais en moi-même : Mossieu naturalisse
Me dit des balivernes, tout comme La Palisse !
Uva, géna, sucré, trobus, dose, glicoses !...
A-t-il besoin de dire tout ce paquet de choses,
Pour dire simplement picton ou petits bleus !
Ça me donne sommeil, et j'en ferme les yeux.
Y jabotte toujours, je m'étends sur le dos,
Et sans n'en avoir l'air je vas faire dodo !...
De loin z'en loin, j'entends bourdonner ses paroles :
Pommiers, pepin, bourgeons !... un tas de fariboles...

Ma foi, j'ai bien pioncé. Tout d'un coup je m'éveille,
Je croyais être là au moins depuis la veille !
Le soleil me tapait en plein su la cocarde,
Ça me l'aviont rougi' comme avec de moutarde ;
Ben mieux, j'entends midi que sonne à une horloge.
Diable, que je me pense, allons, faut qu'on déloge !...
Et mon vieux turalisse ?... Sans tambour ni trompette,
Il a pris, ce vieux traître, la poudre d'escampette !
Il est parti vesqué de me voir roupiller
Quand y n'était z'en train de si bien japiller !
Enfin, ça m'est égal, et puis une autre fois,

Si je fais sa rencontre, j'entrerai dans le bois ;
Ça fait que, comme ça et suivant son désir,
Y parlera aux taupes, si ça lui fait plaisir !...
Tant plus j'y réfléchis et tant plus je me pense,
Que ce pauvre ralisse est tombé en enfance,
Qu'on l'aura refichu là-bas à Albigny ;
Et pour le rencontrer, n-i-ni, c'est fini...
A force d'y penser, ces grands mots franchement
Sont faits pour vous ficher dans l'embarbouillement !
Pardi, c'est pas malin, et ni vu ni connu,
On met à chaque chose le premier nom venu,
Pourvu que ça finisse en *a* ou ben en *usse* !
Je dirais ben puça au lieu de dire puce,
Ça empêchera-t-y cette saloperie
De me piquer les jambes avec tant de furie ?...
Pardi, si y cherchiont moyen de s'en défaire,
Voilà une raison et une bonne affaire !...
Mais non, y ramassiont les plus laides varmines,
Qui fichent dans des boîtes ou ben dans des cantines !
Avec d'esprit de vin : n'est-ce pas trop dommage ?
Vaudrait ben mieux le boire qu'en faire cet usage ;

Les crapauds qu'ils fichiont dedans cette liqueur
Sont pas reconnaissants, n'y vont pas de bon cœur.
J'ai vu ça un dimanche au musée de Saint-Pierre !...
On voit dans des placards des bocals, des soupières,
Que sont remplis de bêtes, que ça vous fait regret :
Y n'ont pas l'air de rire, en regardant de près !...
Sur toutes ces soupières, on voit de z'étiquettes.
Ha, je vous dis que ça ! faut prendre ses lunettes.
On y voit pas seurment quatre mots de français :
C'est du patois d'Auvergne, du Berge, de l'Anglais,
Que sais-je moi, ou ben du latin de cuisine !
Enfin, c'est dégoûtant !... Tenez, j'ai ma voisine
Qu'a vu tout ça aussi : c'est une forte en bec !
Hé ben, ça la fait rendre dessus votre respect !
C'est vrai que les canantes ont le cœur ben plus tendre,
Qu'en voyant des ordures souvent ça les fait rendre,
Mais celle dont je parle travaille dans les pattes,
Ou ben fait des journées quèquefois dans les plates.
Alors, vous comprenez, pour le cœur c'est z'un homme
Que crache pas dessus un grand verr' de rogomme.
C'est une femme forte, qu'a de phirlosophie,

Et pas une damoche que veut faire sa Sophie !
Enfin, si vous voulez conserver vos santés,
Faut pas chercher à voir toutes ces saletés.
Moi, si on me mettait un jour dans les savants,
D'abord je voudrais pas !... Hé ben, le plus souvent,
Que j'irai pitrougner cette sempillerie !...
Quand je vois de cafards su ma tapisserie,
J'en prends, su le moment, une telle épouvante
Qui faut z'aller aux lieux, pour carmer ma courante !...
Ha ! vous pouvez n'en rire, ça me rendra pas sombre,
Je connais des malins qu'ont frayeur de leur ombre.

    Mettons que je friquente tous ces naturalisses,
Ou ben encor ceux-là appelés botanisses !
Je leur dirai : Messieurs, vous êtes des melons :
Permettez-moi de faire, et ça sera pas long,
Un discours sur la chose : renfilez votre veste !
Les gens qui vous écoutent ont ben du temps de reste !
On vous y comprend pas, vous parlez baragoin !
Et vous vous fichez d'eux à leur barbe, à leur groin :
On sait ben qu'au Musée, vous avez cartes blanches
De mettre sous des bêtes n'empaillées su des planches,

Un tas de z'écritaux qui n'ont ni fond ni têtes !
Ça ne nous apprend pas le vrai nom de ces bêtes.
Allez voir dire à Blaise, mon cousin de Bonnand,
En parlant de sa vache, qui dise : ruminant !
Moi, je suis comme lui et il faut qu'on le sache,
Je dis âne pour âne et puis vache pour vache.
On voit que vous n'avez pas trop grand' chose à faire
Quand, sous un vieux cheval, vous mettez mammifère.
Pour l'âne, vous mettez solipèd', pachyderme,
Vous pouvez pas nier, je me souviens du terme !...
Et les cochons aussi, j'ai même lu Cuvier !...
Qu'est-ce que c'est que ce gone ? un marchand de fumier,
Qu'a voulu se mêler à toutes vos boulettes
Et qu'a foutu son nom au bas des étiquettes....
Et voilà, en deux mots, ça que je leur dirais ;
Mais, c'est des entêtés, à quoi ça servirait !
Y se garderiont ben d'avoir, dans leur maison,
Des gones comme moi, qu'ont toute leur raison !
Et généralement, c'est des vieilles parruques,
Que n'ont plus de tignasse, des fronts jusqu'à les nuques,
Ou ben c'est des toqués, que n'en disent de bonnes,

Comme çui-là que j'ai rencontré à Craponne.
Et encore faut le dire, ce pauvre vieux cavet,
Pour sûr, est un des bons. Vous savez qu'il avait
Des manières agréyables et de l'honnêteté ;
Car, enfin, je ronflais, couché à son côté !
Et il aurait ben pu, la chose était tentante,
Moucher mes quinze sous ainsi que ma toquante !...
Hé, mon Dieu, que sait-on, force de dérailler,
Il aurait pu me tuer pour pouvoir m'empailler,
Ou pour me mettre en montre dedans un grand bocal !
On en voit de plus fortes souvent dans le jornal....

LA FÊTE D'UN AMI

SOLENNITÉ EN UN ACTE

LA
FÊTE D'UN AMI

SOLENNITÉ EN UN ACTE

LA FÊTE D'UN AMI

SOLENNITÉ EN UN ACTE

PERSONNAGES :

Nicolas BAUDRUCHE ;
Mam' BAUDRUCHE ;
FOUINARD, ami invité ;
MACHILLON, —
LA CHIQUE, ami invité ;
LAMBIN, —
Un Garçon pâtissier.

[La scène se passe chez Baudruche.]

MAM' BAUDRUCHE, mettant le couvert.

Mon homme va rentrer, les amis vont venir,
Mais le couvert est mis, je viens d'en définir ;
Quand on reçoit le monde, y faut s'asticoter,
On tient à faire voir que l'on sait fricoter.
Heureusement que pour brasser z'à la cuisine
J'ai reçu ce matin l'aide de ma voisine,

Mam' Trognon, qu'est forte pour ça qu'est des ragoûts,
Enfin, c'est z'une femme qu'a pas de mauvais goûts.
Le fricot est tout prêt, j'attends plus que la tourte,
Le garçon pâtissier veut pas moisir en route.
Je sais que, d'ordinaire, c'est z'un mauvais gamin,
Qui se lentibardane tout le long du chemin.
Y pose sa corbeille, si des fois y rencontre
Un ami, et les chiens viennent s'oublier contre !
Voilà comme y arrive, faute de précautions,
Qu'on mange sans savoir de z'abominations.
Allons, c'est des bêtises que font targivarser
Le voilà !

LE GARÇON PATISSIER, portant une tourte.

C'est ben temps de me débarrasser.
C'est-y pas pour chez vous, ce machin z'à la crème ?
C'est pour mam' Baudruche.

MAM' BAUDRUCHE.

Oui, entrez, c'est moi-même,

LE GARÇON.

Où faut-il le poser pour qu'il soye à son aise ?

MAM' BAUDRUCHE.

Là, dans ce cabinet... tenez, sur cette chaise,
Comme ça, ma surprise, on ne la verra pas,
Et fera plus d'effet à la fin du repas.

LE GARÇON, bas, en sortant.

Elle n'aboule rien... ces gens sont des rengaines,
Qu'ont peur de se fouler en donnant de z'étrennes !
Si j'avais pensé ça, j'aurais, sur le gâteau,
Flanqué avé ma langue un bon coup de râteau,
Et liché le dessus sans rien z'endommager.
(Haut) Salut bien !

BAUDRUCHE, entrant.

Dis-donc, femme, nous vons nous déranger,
Et pourquoi que t'as mis tant d'assiettes, de pots ?
T'as rallongé la table, pourquoi ? à quel propos ?

MAM' BAUDRUCHE.

C'est que j'ai de mémoire, si toi t'as de bons yeux,
Et que de douze mois t'es devenu plus vieux.

Enfin, c'est pour ta fête, c'est la Saint-Nicolas !
Te m'as fait grand plaisir en t'en rappelant pas ;
Ça ma donné le temps de préparer la chose.
Mon vieux, je te la souhaite !

BAUDRUCHE.

T'es ben toujours ma Rose,
Laisse-moi te coquer, voilà ça que t'y gagnes.
(Ils s'embrassent.)
On entre, c'est Fouinard, Machillon l'accompagne,
Voilà aussi Lambin et le père Lachique !
Pourquoi que vous restez tous à la porte, pique ?
Arrivez donc, pardi ! si j'embrasse ma femme,
C'est que sa prévenance m'a grabotté dans l'âme.
Vous êtes du complot.

MACHILLON, avec un pot de fleurs sur le bras.

Je me dis, Machillon,
Ton ami est toujours l'ami du cotillon,
Mais te peux être sûr que ça nous plaît beaucoup ;
S'embrasser c'est plus drôle que se foutre des coups.

Nous venons pour ta fête, moi, je l'avoue sans fard,
Je trimbaie pour toi ce pot de némuflar !
Le marchand nomme ça une plante équatique.
Si faut croire ce gone, ça devient magnifique.
Enfin, prends-le quand même, c'est pour marquer ce jour.

LAMBIN, avec un pot aussi.

Arrape-moi ce pot, c'est z'un pommier d'amour !
Y te peint la z'hauteur de mon affection !

BAUDRUCHE.

Ha ! z'enfants, vous me faites crever d'émotion !

FOUINARD, avec son pot sous le bras.

Moi, mon vieux cambarade, depuis cinq jours je bûche
Pour z'aligner des vers à Nicolas Baudruche.
Quand nous serons à table, j'en ferai la lecture.
Pour lors, en attendant, prends ce pot de vardure ;
Je le pose à tes pieds !

MAM' BAUDRUCHE.

Ho ! la chenue laurelle !

15

FOUINARD, en se relevant.

Guignon ! en me baissant, j'ai cassé ma bretelle,
Heureusement que l'autre tient bon à mes culottes,
Sans ça elles pourriont me tomber su les bottes,
Ça serait pas décent !

MAM' BAUDRUCHE.

    Messieurs, la Compagnie,
Mettez-vous donc à table et sans cérémonie.

BAUDRUCHE.

C'est ça, j'y suis quand vous, mais j'ai de durillons
Que me piquent, et je vas prendre de vieux grolons.
  (Il entre dans le cabinet.)

FOUINARD.

On sait ben qu'à la gêne y n'y a pas de plaisir,
C'est pas nous qui mettrons d'ostacle à ton désir.
Allons, prenons nos places.

BAUDRUCHE, criant dans le cabinet.

     Je suis tout z'emplâtré !
Plus loin que la chemise je me sens pénétré.

Que diable que t'as mis, Rose, sur cette chaise ?...
On dirait du fromage ou de la terre glaise :
Ha ben ! me voilà frais !...

MAM' BAUDRUCHE.

Ha, grand Dieu ! c'est ma tourte !
Il a tout marpaillé, la sauce avec la croûte,
En se fichant dessus, pardi, ce grand melon ! ..

BAUDRUCHE, en revenant en scène.

Ça me fait flic-flac dedans mon pantalon.
Tiens, on dirait du flanc !...

MAM' BAUDRUCHE.

T'es t'un vieux cornichon !
Arrive voir ici, que je joue du torchon.

LACHIQUE, qui est allé prendre la tourte.

Ho ! mais y a pas de mal, et sans plaisanterie,
Elle peut se manger, cette pâtisserie :
(Il se lèche les doigts.)
Cristi, c'est délicat, c'est de crème z'à l'œuf !

MAM' BAUDRUCHE.

Pour sûr, ça n'est pas sale, c'est z'un pantalon neuf !

BAUDRUCHE.

Allons ! n'en parlons plus, et vive la gaîté !
Le gâteau z'aplati ça fera nouveauté.
Pour nous rapetasser et chasser la contrainte,
Fouinard, tu m'as parlé, je crois, d'une complainte :
Te devrais nous la dire : c'est-t'y pas le moment ?
Allons, va-z'y mon vieux.

FOUINARD.

      Non, c'est z'un compliment,
Z'enfants, je vous préviens que, quoique gracieux,
J'ai pas fait de la blague et que c'est sérieux.

LAMBIN.

N'y a que lui pour trouver des idées sans pareilles.

LACHIQUE, *qui se lèche toujours les doigts.*

Fameuse, cette crème.

MAM' BAUDRUCHE.

      Nous sommes tout oreilles.

FOUINARD, lisant un papier.

C'est pour fêter ce soir un vieux t'ami d'enfance,
Que j'ai torné ces vers que n'ont pas d'importance.
Je viens te les offrir avec mon z'abrisseau.
Ça m'a fait griffonner comme un saute-ruisseau.

Que celui qu'est l'auteur des courges, des cerises,
Te rende tout canant dedans tes entreprises,
Et pis, quand t'ouvres l'œil au soleil du matin,
Que ça soye l'indice d'un chouette destin.
Que la nuit, dans ton lit, te puisses roupiller,
Exempt de tous les maux faits pour tiripiller,
Comme les longmagots, comme la névrargie ;
Enfin, tous les guignons que grafignent la vie,
Que t'ayes plus besoin de te rapetasser ;
En buvant des remèdes, ça fait trop carcasser.
Qui soye plus question de ces gens n'acariâtres,
Phermaciens, médecins, tout ça c'est de z'emplâtres !
Que vous flanquent de drogues, et vous rendent panosses.
En fait de médecin, fais-toi z'y bien des bosses :
Que tu vives cent ans rien qu'à te bambaner

Et que plus rien de rien puisse te bassiner !
Dans ce jour sorlennel de joye ou de gaîté,
Te nous vois réunis par la nécessité
De grabotter ton cœur par de belles paroles !
Comme t'as pas les nerfles sèches comme de groles,
Te ne peux qu'accepter, plus doux que le duvet,
Les vœux que nous versons dessus ton cotivet !...
Mon désir, c'est de voir remonder ta façure,
Et que ton existence soye sans entorsure !...
Que te soyes chançard !... Que ton régulateur
Enroule tes vieux jours du côté du bonheur !...
Pour marquer ce moment, pour lors, si te m'écoutes,
Arrose-toi la dagne tout en cassant la croûte...
C'est ton droit, vieux t'ami, oui, ce droit-là, te l'as !
S'agit de faire rire le grand Saint-Nicolas.
Faut croire que le gone n'aime pas toujours l'eau,
Vu qu'on le représente planté près d'un tonneau !
A coup sûr, ça lui donne de z'idées guillerettes,
Quand y voit de z'amis soiffer de chopinettes.
Ce soir, moi, je demande censément qu'à lui plaire,
Et ça fera ma joye si ça fait son affaire.

MAM' BAUDRUCHE.

Bravo ! bravo ! Fouinard, vous ons trop de génie,
Y en a que sont plus bètes dedans l'Académie !...
D'entendre ce discours, ça ma coupé la faim.

BAUDRUCHE.

Moi, j'ai tout z'oublié, même mon matefaim !
Heureusement, c'est sec, ça colle sur la peau.
Mais ton récitatif, Fouinard, il est trop beau !
Et je pourrais pas dire si c'est lui ou l'emplâtre
Que m'a tourné le ventre.

LAMBIN.

Je m'ai cru au théyâtre.

FOUINARD.

Si vous êtes contents, c'est mon plaisir extrême.

LACHIQUE, les doigts au nez.

Ça, c'est bien envoyé, mes doigts sentiont la crème.

MACHILLON.

Les gones qu'ont d'esprit, Fouinard, sont ben heureux,
A coup sûr un benet, et pis toi, ça fait deux !...

FOUINARD.

Si je suis ben sensible à vot' erbanité,
Y faut z'à Nicolas faire civilité.
Faut trinquer tous ensemble et allons y gaîment !...

LACHIQUE, qui trinque.

Nom d'un rat, pour trinquer, moi j'ai du sentiment !
C'est z'un moyen de boire à tire-larigot !...

MAM' BAUDRUCHE.

Ne baguenaudons plus et mangeons le gigot.

LE BON ET LE MAUVAIS SAC

ou

LES EFFETS DU QUIBUS

SCÈNE PATHÉTIQUE EN UN ACTE

LE
BON ET LE MAUVAIS SAC

ou

LES EFFETS DU QUIBUS

SCÈNE PATHÉTIQUE EN UN ACTE

LE BON ET LE MAUVAIS SAC

ou

LES EFFETS DU QUIBUS

SCÈNE PATHÉTIQUE EN UN ACTE

PERSONNAGES :

ROGATON, gargotier ;   POMADIN, garçon coiffeur ;
BONVEAU, apprenti boucher ;   BARBE, fille de Rogaton.

(La scène se passe à Vaise dans l'établissement
du père Rogaton.)

ROGATON, qui rentre du dehors.

J'ai roulé le pavé la matinée entière,
Pour toucher de z'écus jusqu'à la Guillotière.
Depuis quinze ans et plus que je fais la frigousse,
Faut dire que j'ai mis du pognon dans ma bourse.
Je vas lâcher les sauces, ça, je peux le parier ;
Mais j'ai z'auparavant ma fille à marier,

Pour cette chose-là c'est z'à moi de choisir,
Tout en consultant Barbe pour savoir son désir.
Elle n'a que vingt ans et aura du pognon.
Me faut z'un gendre riche, voilà mon opinion,
Je vois ben que ça brûle, on veut me la moucher !
Ha, ha ! voilà Bonveau, le fils à mon boucher !

BONVEAU.

Bonjour !... comment ça va, gros papa Rogaton ?

ROGATON.

Ça va tout de la douce, et pis toi, mon fiston ?
T'es toujours un luron tout disposé à boire,
Qu'a toujours pour blaguer une chouette histoire.

BONVEAU.

Ho ! pour ce qui est de ça, moi j'aime pas la frime,
Pour mon fond de gaîté, à moi revient la prime.
Après ça faut ben dire qu'on flâne pas toujours,
Car tous ces temps passés j'ai t'été tous les jours
Dans la grand t'abattoir, où mon patron Lagaine
Va me faire saigner d'ici à la quinzaine,

Et ce qu'est ben plus fort, vu mes dispositions,
Va me faire écorcher d'ici aux Rogations !
Qu'en dites-vous, papa ? J'ai d'esprit, je m'en flatte,
Du premier coup, j'ai pris la bête par la patte ;
Je crains pas qu'un malin puisse me déplumer.
Lagaine m'a déjà trois fois fait z'assommer.

— Toi, Bonveau, qui me dit, t'es fort sur la tuerie,
Te ferais ton chemin même en charcuterie ;
Te mords bien, mon garçon, va toujours de bon cœur,
Une fois en boutique, te nous feras honneur.

Enfin, je bûche à mort pour remplacer mon père
Que va se retirer dans peu de temps, j'espère.
En voilà un bûcheur ! aussi papa Bonveau
Possède de z'écus, et pis dans son caveau
Il en a de ces fioles qu'ont pas de la piquette !

ROGATON.

Oui, j'en sais quèque chose, j'ai goûté sa clairette.

BONVEAU.

Hé ben, tenez, papa, su la question d'amour,
Je vas vous y flanquer ma pensée au grand jour :

Je veux me marier ; vous avez une fille
Qu'a de l'inducation, qu'est tout à fait gentille.
Ha ! quelle crâne femme pour orner ma boutique !
Une belle canante attire la pratique,
Et puis elle a d'aplomb tout comme un caporal,
Même mieux, je peux dire tout comme un général.
Donnez-la moi, beau-père, ou ben, foi de Bonveau,
Je vas à votre nez bavasser comme un veau.
J'ai le bon sac, et pis aussi de l'espérance ;
Faut croire qu'avec ça j'aurai la préférence !

ROGATON.

Doucement, mon garçon, faut pourtant réfléchir,
Ça presse pas si fort, te faudra revenir ;
Faut que j'en touche un mot à maman Rogaton ;
Si te plais pas à Barbe, faudra baisser le ton ;
Moi, te me déplais pas, tout ça peut s'arranger.

BONVEAU, en sortant.

Adieu, papa beau-père, faut pas vous déranger,
A tantôt... je viendrai faire payer la goutte
Et prendre la réponse.

ROGATON.

Oui, te l'auras sans doute.

(Rogaton, resté seul, prend sur la table une note des achats du
jour et en fait la lecture avec distraction.)

ROGATON.

Voyons donc cette note, — parbleu, ce mariage,
Elle est un peu salée, — ma fille est ben en âge,
Trois bottes de navets, carottes, choux, poireau,
Epinards, — je comprends que ça plaise aux Bonveau;
Ma fille est bien bâtie — une courge romaine,
Quinze sous ! — Pour la dot, je donne le domaine
Que je viens d'acheter, belle noce ! — haricots,
Vingt-cinq sous ; — dans Vaise y aura ben des échos,
Ce jour-là faudra mettre tout sens dessus dessous.
Cochon et graisse blanche, total : neuf francs dix sous.
Ce gendre-là me botte, — faut rogner les centimes ;
D'un chécun les Bonveau possèdent les estimes.
Allons, c'est décidé ! Mais... déjà le jornal ?

(Il ouvre le journal.)

Le facteur du quartier devient plus matinal,

Il sera de la noce ; — voyons voir les nouveaux :
Chronique, faits divers, maison des deux jumeaux ;
Chien perdu, voyons ça, répond au nom d'Azor,
Faut z'en faire mon gendre, c'est un parti tout d'or,
Barbe l'aime peut-être — avec sa muselière,
Deux marques su la tête, une su le derrière ;
Faudra ben qu'elle parle — et la queue en trompette,
Dix francs de récompense — faudra que je la guette.
Avis, cheval à vendre — s'adresser au jornal.
Bonveau est bien posé — c'est un jeune cheval !

POMADIN, qui entre.

Pardon, bonjour, escuse, Mossieu, vot' sarviteur !

ROGATON.

Ha ! voilà Pomadin, mon barbificateur.
Mais vous me rasez pas trois fois dans la semaine !

POMADIN.

Cher mossieu Rogaton, c'est l'amour qui m'entraîne,
Je suis une victime soumise à son empire ;
Sitôt que j'ouvre l'œil, je grogne, je soupire,

Les parfums, les pommades, pour moi n'ont plus de charmes,
Je suis déclaveté, faut lui rendre les armes !
Je viens vous demander...

ROGATON.

Ha ça, mais mon garçon,
Qui donc vous a soufflé cette drôle leçon ?
Devenez-vous maboule ? battez-vous la barloque ?

POMADIN.

Hélas ! j'en ai bien peur, car l'amour me suffoque,
Mon cœur est un brasier et mon âme un volcan,
Je sens mes facultés qui dansent le cancan !
Enfin, comprenez-vous, père trop respectable,
Vous aurez ben pitié de mon sort lamentable !
J'adore votre Barbe !

ROGATON.

Pardi, c'est votre état !
Voyons, faut me la faire, allez chercher un plat,
Et faites rondement, elle pique, elle est dure,
Elle pousse trop vite.

POMADIN distrait.

Oui, mais c'est sa tornure,
Et puis c'est sa couleur... c'est une belle blonde !

ROGATON.

Pomadin, mon garçon, vous vous moquez du monde,
Ouvrez donc les quinquets, ma barbe est quasi noire !

POMADIN.

Quelle plaisanterie ! ça je ne puis le croire ;
On voit ben sa couleur... enfin, blonde ou brune,
Ça ne changerait rien à ma bonne fortune,
Si vous me l'accordez, si j'en suis possesseur.

ROGATON.

Hein ? que dit-il, çui-là ? Vous faites le farceur,
Ou ben vous ramassez les crins pour le postiche ?

POMADIN.

Non, mossieu Rogaton, celle-là je m'en fiche !
Au diable votre poil !... Votre fille adorable,
C'est votre belle Barbe, dont je suis désirable !

ROGATON.

Ha, fichtre ! c'est de Barbe, mossieu le perruquier,
Et garçon simplement, pas même boutiquier !
Ha, ha ! la farce est bonne, comment, vous pour mon gendre ?
A Barbe Rogaton, quoi ! vous osez prétendre ?
Fiston, allez-vous en reprendre le rasoir ;
Gagnez gros de z'écus, pour lors nous pourrons voir ;
Mais faut pas y compter, ma fille est promise,
Elle a fait choix d'un gone qu'elle trouve à sa guise.
Ainsi donc, mon garçon, pour ce qu'est du surplus,
Au revoir, et surtout ne m'en reparlez plus !

(Rogaton sort.)

POMADIN, seul, avec colère.

Ha ! rage, désespoir, te voilà frais, Jonquille !
Y t'a flanqué ton sac et te souffle sa fille,
Pour la donner sans doute à quèque fricoteur ;
Y me regrole, moi, Pomadin, parfumeur,
Garçon barbier, c'est vrai, avec ça sans fortune ;
Mais en râclant les mufles, j'en aurais gagné une :
A preuve, Rogaton, ce vieux chien de richard,

Quand il a commencé, y n'avait pas un liard,
Mais mon art capillaire, c'est ben plus poétique,
Rien qu'à me présenter j'embaume la pratique ;
C'est z'un concert d'éloges, vanille ou jasmin,
La rose, le citron, embaument mon chemin !
Dire qu'avec tout ça ce gargoteau m'outrage,
Qui se fiche de moi, j'en crèverai de rage !
Ha ! si par un moyen je pouvais me venger !
Pardi, en le rasant je veux l'endommager,
Oui, je lui ferai voir...

BONVEAU, entre en levant le nez.

Ça pue le petit maître !
Nom d'un chien ! j'ai envie d'ouvrir cette fenêtre.
Parlez-moi de l'odeur de la charcuterie,
Voilà qu'est natuel ; mais la parfumerie
C'est bon pour les crevés, ça donne mal au cœur,
Faut que papa beau-père paie un verre de liqueur.
Mais, c'est le perruquier ! Quoi que vous faites ici ?

POMADIN.

Ça vous regarde pas, retenez ben ceci !

BONVEAU, riant.

Ha, faut pas vous fâcher, ous-qu'est donc la famille ?
Rogaton n'est pas là : je vas trouver sa fille,
Ma future bargeoise.

POMADIN, seul.

Ciel ! est-il ben possible,
Qu'à ce gros plein de soupe Barbe soye sensible ?
C'est lui qu'elle a choisi ! c'est là l'heureux vainqueur !
Y n'a pas bonne cale pour z'enflammer un cœur.
Y répand z'une odeur de graisse, et sa figure
Est celle d'un voyou, d'une caricature.

. . . .

As-tu de la vertu, de l'honneur, Pomadin ?
Si tu n'as pas le sou, t'es t'un gueux, un gredin,
Un affreux pillerot rayé des joies du monde,
Te peux t'aller gratter où la varmine abonde !
T'as reçu sur le nez, va, mon pauvre Jonquille !
Les filous sont heureux, malheur à la guenille !
N'en voilà un toupet de vouloir la richesse,
T'es trop cruche pour ça, t'as pas assez d'adresse.

Y faut z'être canaille, à preuve, Rogaton,
Que fait manger du chien pour du jeune mouton,
Que fait de gibelottes du lapin de gouttière.
De ça j'ai des témoins : le portier, la portière,
Et son vin drogassé qu'il sert à la pratique,
Ça fait de gargouillades tout comme l'émétique,
Et voilà un malin qui, se disant honnête,
En vous embouconant peut relever la tête.
Suffit qu'on est merlan et qu'on n'a pas d'avance,
Prend en vous regardant de grands airs d'arrogance.
Un raseur de museaux ! ça c'est pas un métier,
Parlez-moi z'y d'un gone boucher ou gargotier,
C'est toujours plein de graisse, avec ça quelle odeur !
Mais il a le bon sac, d'une belle rondeur,
Pour lors, le sentiment ou ben la poésie,
Qui donne de l'éclat au chelu de la vie,
Barnicle ! y en a pas, chez ce nagu bêtard,
Y connaît que la noce, les bêtes et le lard.
Se remplir la bedaine, charcuter et dormir,
Voilà ses émotions et tout son avenir !
Dire que Barbe éprouve d'amour pour ce gredin !

Je souhaite qu'il la mène à grands coups de gourdin.
De cette façon-là, ça lui fera comprendre
Qu'on a fiché son sac à l'ami le plus tendre,
Qu'aurait passé sa vie à faire son bonheur.
Ça n'a rien d'esbrouffant z'avec un parfumeur !

Toi, père Rogaton, qui m'as reçu si mal,
Tu n'es qu'un gâte-sauce, t'entends, vieil animal !
Que les mânes des chats mangés par tes pratiques
Finissent par te faire crever dans des coliques !

Toi, Bonveau, mon rival, comme t'es t'une bête,
Te goberas pour sûr deux cornes su la tête.
C'est z'ainsi qu'en partant je vous fais mes adieux.
Je suis rasé sans Barbe, faut filer de ces lieux !
Oui, oui, faut z'en finir, ho ! destin trop z'inique !
Jonquille, prends ton sac et file en Amérique,
T'y trouveras l'oubli et la fin de tes maux,
En rasant des Bédouins montés sur des chameaux !

— Adieu, ma blonde Barbe ! adieu, Barbe trop dure !
T'as saucé dans le noir l'ordre de ma nature !
Un jour, dans le désert, mon corps tout en lambeaux

Deviendra la pitance des tigres, des corbeaux !
Alors, dessus ma tombe faudra mettre en sautoir
Mon cœur incandescent embroché d'un rasoir,
Avec cette pancarte : « Pomadin, le coiffeur
Est crevé dans ce trou, tondu par la douleur !
D'une Barbe rebelle il sentit les piqûres,
Et le pauvre merlan mourut de ses blessures !
Passants, comprenez bien, dans tout ce mic-mac
Bonveau avait le bon, et moi le mauvais sac ! »

LA GARDE-MALADE

GAUDRIOLE EN UN ACTE

LA

GARDE-MALADE

GAUDRIOLE EN UN ACTE

La Garde-Malade

GAUDRIOLE EN UN ACTE

PERSONNAGES:

Mam' BOISSEC, épicière ; Mam' BISCORNU, portière ;
Mam' LICHOIR, garde-malade; BIGNOU, aide-machiniste.

[La scène se passe dans la boutique d'épicerie de Mme Boissec.]

MAM' LICHOIR, qui entre.

Bonjour ! maman Boissec.

MAM' BOISSEC.

    Vous voilà, mam' Lichoir,
J'ai justement quéqu'un qui vous voudrait ce soir.
Vous arrivez de poque, et, pour vous prévenir,
J'ai envoyé mon gone vous dire de venir.

MAM' LICHOIR.

Je viens pas de chez nous, ce soir je suis prenable,
Vu, qu'étant pas retinte, pour lors, c'est z'asqueptable.

MAM' BISCORNU, qui entre.

Salut ! mère Lichoir. Vous chômez pas d'ouvrage,
Rapport qu'on est connue et z'avec avantage...
Dans le quartier Saint-Paul !

MAM' LICHOIR.

                Biscornu, dites voir :
Dix ans garde-malade, ça donne du savoir ?...

MAM' BISCORNU.

Et toujours agréyable, le rire sur la bouche !

MAM' LICHOIR.

Moi, j'arbore les gens qu'ont l'air Sainte-Nitouche :
Faut se décamotter dans mon gueux de métier !...
Le père Savouret, çui-là qu'est chaircuitier,
Il est mort, ça c'est vrai, mais il peut ben vous dire,
Qu'avant de torner l'œil, il se creviont de rire,

Rapport que j'y disais souvent la gaudriole.
Faut z'être remontante quand ça va de traviole.

MAM' BISCORNU.

Pardi, vaut-il pas mieux procurer d'agrément,
Que de faire la trogne que sent l'enterrement?

MAM' LICHOIR.

C'est dans mon naturel et à tous mes malades
Je fais filer les drogues avec des rigolades.
Ça produit bon effet, y s'arpillent z'aux branches,
Et je m'embête pas, en passant de nuits blanches.

MAM' BISCORNU.

Oui, c'est ben trop nigaud d'esprimer la douleur
Près du déclaveté, qui n'en crève de peur,
Et c'est plus mieux d'avoir un museau jovial.

MAM' BOISSEC.

Si ça fait pas de bien, ça peut pas faire mal.

MAM' LICHOIR.

Moi, je jacasse trop, y faudrait me donner
L'adresse de ce monde, et je vas m'escanner.

MAM' BOISSEC.

Tiens ! je vous l'ai pas dite ! voilà une bêtise :
C'est chez mame Grinchard, sur le quai Pierre-Scize !..
Son vieux est z'alité depuis une semaine,
Rapport à des douleurs à son abbédomaine :
Je crois que c'est ce mot, mais, pour moi, c'est du grec !
Je connais pas ce mal.

MAM' LICHOIR.

Pardi, mame Boissec,
Ce nom scientifique, ça veut dire basane !...
Mais faut parler latin et vendre de tisane !
Faut z'avoir friquenté les gens de la science,
Pour pouvoir subito comprendre leur parlance.

MAM' BISCORNU.

Tant plus c'est z'embrouillé, tant plus y sont docteurs,
Y disent plus seringues, mais de z'irrigateurs !
De même les emplâtres, y disent des tropiques !

MAM' LICHOIR.

Faut croire que tout ça, c'est des choses chimiques.

Rapport z'à la chimie, je vous fais z'entrevoir
Qui faut commencer jeune pour pouvoir la savoir ;
Ainsi, moi, qui vous parle, j'ai gros d'espérience.
Hé ben, pour ça, je suis censément dans l'enfance :
J'y connais rien de rien, y z'ont tant de flacons,
Qu'on peut, sans s'en douter, ficher de bons bocons.

MAM' BOISSEC.

Y connaissent tout ça comme le catéchisme !

MAM' LICHOIR.

Z'alors, vous comprenez, je garde le mutisme,
Mais, pour ce qu'est des soins, voilà mon z'élément,
Toutes ces choses rentrent dans mon tempérament !...
Par habitude, c'est rare quand je sommeille.

BIGNOU, qui entre.

Salut, Messieurs, Mesdames !. Oui, la garde qui veille
A la porte du Louvre, n'en défend pas les rois !...
Vous taillez de bavettes, en douceur toutes trois ?...

MAM' LICHOIR.

Te voilà, grand flandrin ! T'es rigolo toujours.

BIGNOU, chantant.

Et vogue la nacelle qui porte mes amours...

MAM' LICHOIR.

Arregardez ce gone, j'ai vu ça tout gamin !
Mauvaise herbe, dit-on, reste pas en chemin !

BIGNOU.

Ça, c'est pas gracieux, j'aime pas être triste,
Faut ça aux Célestins, ousqu'on est machiniste.
Pour le moment, je veux cinq sous de Roquefort,
Pour réparer des ans l'irréparable tort ?...

MAM' BOISSEC, lui donnant son fromage.

Voilà, monsieur Bignou.

BIGNOU, en s'en allant.

Merci, maman Boissec,
Agréez mes adieux et mes cinq sous avec.

MAM' LICHOIR.

Voyons, et moi aussi faut pas me bambanner,
Je remonte chez nous pour faire mon dîner.

Servez-moi, mam' Boissec : donnez-moi, sir vous plait,
Ma chopine de vin et pour trois sous de lait,
Du bon ; c'est pour ma fille, patraque, dans ma tasse,
Elle est relavée, n'y a que ça qui lui passe,
Toujours le cœur aux lèvres dans un pot qu'est tout neuf.
Hier, je l'ai fait cuire, pour douze sous de bœuf,
Piqué z'avec de l'ail, et pis de pastonades.

MAM' BISCORNU.

Tout ça c'est séculent.

MAM' LICHOIR.

Un regal de malades,
Bien cuit z'au petit feu.

MAM' BISCORNU.

C'est de vraies friandises.

MAM' LICHOIR.

Hé ben, elle aime mieux manger quèques bêtises...
Cette enfant, voyez-vous, me rend la vie amère.
Ha ! c'est ben tout craché le portrait de son père !

Un homme qu'est panosse, que bave plein la bouche,
S'y trouve dans son pain un cheveu, une mouche !
Les chiens font pas des chats, pas vrai ?

MAM' BISCORNU.

       Assurément,
On peut pas soutenir qui n'en soye autrement.

MAM' LICHOIR.

Moi, j'étais comme ça, Dieu que j'étions traquoire !
Mais ça me fait plus rien, à force de n'en voire...

MAM' BOISSEC.

De tout la même chose, et je vous dis pas non,
Mon vieux étant sordat, tous les bruits du canon
Le faisiont roupiller ; censément, l'habitude
Vous change la nature, c'est z'une çartitude.

MAM' LICHOIR.

J'avais la digestion toute désempillée ;
Je mangions pas mon sou, en vraie poule mouillée ;

Mais, ma foi, je m'ai dit, au lieu de grolasser,
Y faut tâcher moyen de te rapetasser,
Et j'ai pris le dessus.

MAM' BOISSEC.

Vous allez chez le monde ;
Chez les uns, y a de quoi, chez d'autres rien n'abonde.

MAM' LICHOIR.

Mais je trouve toujours moyen de faire en sorte
De manger du meilleur de tout ça qu'on apporte.
Je suis d'un délicat, voyez, mame Boissec,
Sans n'être pour tout ça portée su mon bec,
J'aime les bons fricots, pour un motif unique,
C'est que j'ai peur, un jour, de tomber arnémique.

MAM' BISCORNU.

Què-que c'est que ce mal ?

MAM' LICHOIR.

Hé ben, c'est z'une horreur

Que vous rend squilette, pour cause de maigreur.
C'est ça un triste sort, si je m'évaporais,
N'ayant plus que l'échine comme un n'hareng sauret.

MAM' BISCORNU.

Garde-malade c'est z'un état qu'est tarrible.

MAM' LICHOIR.

Oui, on est trop z'à plaindre d'avoir le cœur sensible,
Près des déclamponés, même des moribonds,
Faut savoir se donner quèques moments de bons.
Quand je passe la nuit, y me faut z'un fauteuil,
Autrement, c'est fini, je peux pas fermer l'œil.

MAM' BISCORNU.

Et pis, vers le matin, vous buvez ben la tasse ?

MAM' LICHOIR.

C'est connu, le café décamotte, délasse,
Faut pas, suffit qu'on veille des gens su l'oreiller,

Se laisser avachir et se désempiller !....
J'ai entendu un jour dire dans un repas :
« La vieille garde meurt, mais all' ne se rend pas ».
Vous comprenez, c'était z'une belle allusion,
Aux tiripillements de notre profession !...

MAM' BISCORNU.

Je connais des richards que font beaucoup d'éclats,
Qu'ont des servantes maigres comme des picarlats.

MAM' LICHOIR.

Quand, par vocation, on place de z'emplâtres,
Y faut pas avoir l'air d'avoir brassé les plâtres,
Faut z'être appétissante aussi bien qu'agréyable,
Enfin, par ses manières, être z'utilisable,
Savoir à l'occasion, jouer de la seringue
Et démontrer surtout qu'on n'est pas une bringue !
De toutes les façons, faut savoir poliment
Adménistrer les choses, surtout z'adroitement.

MAM' BOISSEC.

Pardi, je comprends ben, faut pas de gognandises,
Autrement on reçoit des paquets de sottises.

MAM' LICHOIR.

Pour mon compte, je vas dans la bargeoisie,
Au moins là on peut vivre plus à sa fantaisie :
Y a la bonne que range, que soigne les fourneaux,
Et puis, y a de vin vieux, souvent y a de Bordeaux ;
Surtout quand z'y figure dessus les ordonnances,
J'en bois des petits coups, tout à mes convenances ;
Ça me fait tant de bien, et c'est pas de connaître,
Je n'en abuse pas, mais ça me fait renaître.
Ces gens sont pas grelus et savent se nourrir,
Quoique déclavetés, y veulent pas mourir.

MAM' BISCORNU.

Après ça, dites donc, ça se comprend sans peine :
C'est bon pour les panés, que vivent dans la gêne.

Ceux-là là, qu'ont de chance d'avoir tout z'à gogo,
C'est guignolant pour eux de lâcher le magot !...

MAM' LICHOIR.

Ben sûr.... C'est les midi ? je les entends sonner,
Me voilà en retard...

MAM' BISCORNU.

Nous vons nous escanner.
Arregardez, faut pas s'oublier en causette,
Autrement le souci vous coupe la musette.

MAM' LICHOIR.

Cette distraction, elle m'est nécessaire,
Faut savoir se priver de ça qui peut me plaire :
Tenez, j'ai ma voisine, la veuve Barbillon,
Alle est rentière, libre comme un parpillon ;
Mais, entre nous soit dit, des fois alle en abuse,
En voilà un taquet !... vrai, elle vous amuse.
Çui-là que lui a mis le filet du langage,
Peut se flatter d'avoir fait de la belle ouvrage.

Allons, bien le bonjour, faut pas vous déranger,
Je vas prendre mon pain de chez mon bolanger.

MAM' BOISSEC.

C'est donc définitif ? Vous partez, mam' Lichoir !
Restez pas si longtemps sans revenir me voir.

MAM' LICHOIR.

Je mets dans mon panier ma chopine, ma tasse,
Tâchons de rien casser, c'est ça qui m'embarrasse.
Merci bien de m'avoir z'indiqué sans retard
L'adresse du malade qui se nomme... Soiffard.

MAM' BOISSEC.

Mais non, j'ai pas dit ca, ce pauvre vieux papa
N'allez pas l'appeler Soiffard, y ne boit pas...
Ça commence par Grin... Grinchard, quai Pierre-Scize !

'MAM' LICHOIR.

Va bien, mame Boissec, j'ai l'adresse précise.
Mossieu Grinchard, c'est bon j'aurais ben peu de veine

Si je regrole pas son vieil abbédomaine !...
Venez-vous, Biscornu ?

MAM' BISCORNU.

Non, j'ai deux mots à dire,
Rapport à un voisin, et pis je me retire.

TABLE DES MATIÈRES

		Pages
Préface.		V
I.	Excursion aux Aqueducs de Chaponost, par trois canezards des Pierres-Plantées.	1
II.	Tribulations de Madame Poularde à la Fête nationale de Lyon.	19
III.	Un voisinage grincheux. — Doléances de Mam' Bardaquin au sujet de son déménagement.	41
IV.	Une partie de campagne par des gones sans façon.	55
V.	Le retour d'un dîner dans le monde ou Causerie chez la concierge. — Dialogue en deux tableaux.	73
VI.	L'Ivrogne. — Scène de mœurs réalistes en trois tableaux.	93
VII.	La Veillée chez Mam' Simaise ou une Visite d'amitié.	105
VIII.	Un Ébouriffé de plus. — Déclaration d'une naissance à l'état civil.	121
IX.	La Guigne de François le veloutier, racontée par lui-même.	135

		Pages
X.	Parade de Gringalet et son patron à la vogue de la Croix-Rousse.	145
XI.	La Civilité. — Discours prononcé à un dîner d'Auvergnats.	161
XII.	Les Bonnes. — Confidences amicales en un acte.	173
XIII.	La Guérison de mon neveu par le sornambulisme. — Hommage rendu à la vérité par la tante Barbotot.	185
XIV.	Une leçon d'histoire naturelle. — Rencontre scientifique aux environs de Lyon.	201
XV.	La Fête d'un ami. — Solennité en un acte.	217
XVI.	Le bon et le mauvais sac ou les Effets du quibus. — Scène pathétique en un acte.	233
XVII.	La Garde-malade. — Gaudriole en un acte.	251

ACHEVÉ D'IMPRIMER

le trente et un mars mil huit cent quatre-vingt-six

sur les presses de

SCHNEIDER FRÈRES

12, QUAI DE L'HÔPITAL

à Lyon

www.ingramcontent.com/pod-product-compliance
Lightning Source LLC
Chambersburg PA
CBHW050628170426
43200CB00008B/921